ESPIRITUALIDAD 101

PARA LOS COLGA'OS EN LA ESCUELA DE LA VIDA

EL REPASO PARA EL EXAMEN FINAL

Dr. Iván Figueroa Otero

CRÉDITOS

Autor: Iván Figueroa Otero, MD
www.ivanfigueroaoteromd.com
Editora: Yasmín Rodríguez, The Writing Ghost®, Inc.
www.thewritingghost.com
Diseño de Cubierta: Gil Acosta Design
www.gilacosta.com
Fotografía del autor: Emmanuel Berríos
Montaje y producción: The Writing Ghost, Inc.

Debido a la naturaleza dinámica del internet, cualquier dirección web o enlace contenido en este libro puede haber cambiado desde su publicación y puede que ya no sea válido. Las opiniones expresadas en esta obra son exclusivas del autor y no reflejan necesariamente las opiniones de la editora quien, por este medio, renuncia a cualquier responsabilidad sobre ellas.
El propósito del autor es solamente ofrecer información general para ayudarle en la búsqueda de bienestar emocional y espiritual. En caso de usar la información en este libro, que es su derecho, el autor, la editora y el equipo de publicación no asumen ninguna responsabilidad por sus acciones.

Todas las citas bíblicas son de la versión *New International Version®* *(NIV®),* Copyright ©2011 de Biblica, Inc.™, usadas con el permiso de Zondervan. Todos los derechos reservados.
Todas las citas de Albert Einstein son publicadas con permiso de ©*The Hebrew University of Jerusalem*

ISBN-13: 978-0-9911506-2-5
Número de la Librería del Congreso: 2017905674

Primera Edición, 2013
Segunda Edición, 2021
Parte de la serie de libros del Dr. Figueroa:
"Escuela De La Vida"

RESEÑAS

«En su debut, el autor cautiva al lector con una composición muy fácil de leer, estimulando al lector a «escudriñar el concepto de que la vida es una cárcel creada por los barrotes de su propia mente.» Su elegante y llamativo diseño está lleno de relieves e ilustraciones coloridas para enfatizar las partes más importantes del contenido. El autor presenta muchas explicaciones con una ironía jocosa, que hace agradable su lectura.»

Kirkus Book Review

«Espiritualidad 101 es un libro para las personas que desean entender mejor el mundo en donde viven. Es un libro sobre la vida y como el ser humano puede reconciliar la aparente discrepancia de entender la vida entre la ciencia y las tradiciones religiosas. No importa su visión religiosa, este libro enseña a vivir equilibradamente dentro de esta paradoja existencial. El autor consigue esta reconciliación por medio de un formato de lecciones escolares para ser aplicadas en la Escuela de la Vida.»

Samantha Rivera, Reader's Favorite

«El Dr. Iván Figueroa Otero escribe un libro muy persuasivo sobre cómo vivir en un mundo espiritual, en una manera tan fácil de entender que es elegante en su simplicidad.»

Joslyn Wolfe, Focus on Women Magazine

«Un éxito de ventas inmediato con buenísimas reseñas de sus lectores, este libro es un Finalista en los premios *2014 National Indie Excellence Awards.* Su libro es un verdadero ejemplo de la excelencia que estos premios celebran, y le rendimos homenaje a usted y a su gran labor.»

National Indie Review

«¡Felicidades! Lo conocí durante una de las lecciones más intensas de mi vida, y vi en usted un

Guerrero de Luz, un Ganador. Desde ese momento siempre que lo recuerdo mi corazón le da las gracias y lo felicita. Dios lo continúe bendiciendo.»

Álida Castro Marrero

OTROS LIBROS DEL AUTOR

Espiritualidad 1.2

Para los Desconectados de la Escuela de la Vida

Un Repaso Para los Tekkies

Espiritualidad 103

La clave del perdón

Descifrando la luz de nuestras sombras

Espiritualidad 104

Reflexiones en mi Espejo Mágico

Lecciones de amor de la Escuela de la Vida

IMAGEN EN LA CUBIERTA:

FRACTALES

Los fractales son modelos matemáticos de
estructuras geométricas repetitivas. Muchas
estructuras naturales son de tipo fractal, por la
tendencia de la naturaleza de repetir secuencias
geométricas y matemáticas. Por mi parte, pienso que
la repetición de estructuras del macrocosmos (mundo
de lo grande) al microcosmos (mundo de lo chiquito)
parece establecer un vínculo común (holográfico) entre
todas las partes del universo, según lo describe este
libro.

DEDICATORIA

Dedico este libro a todos los maestros, discípulos y pacientes con los cuales he participado en la escuela de la vida, quienes me inspiraron a compartir todas sus experiencias y lecciones. Fueron especialmente mis pacientes quienes, con los testimonios de sus lecciones de amor, me guiaron a encontrar la clave del perdón para penetrar en el código de sanación del alma. Sin ellos, no hubiera sido posible mi progreso escolar en el salón universal.

Si en la reflexión del espejo de este libro algunos de ustedes redescubren su luz distorsionada por sus sombras, compartan el mérito de los resultados con sus condiscípulos, y el aprendizaje que se obtenga de su lectura.

Tabla de Contenido

AGRADECIMIENTOS

Entre todos los viajeros con los que comparto esta interminable travesía en la reflexión del Espejo Mágico de la mente, quiero agradecer especialmente a mis hijos, su madre, y a mi paciente esposa Ivette, quienes con tanto cariño han apoyado mis locuras de viejo.

Especialmente, agradezco la guía espiritual de mis maestros de la tradición budista tibetana Nyingma, los venerables Khenchen Palden Sherab Rinpoche y Khenpo Tsewang Dongyal Rinpoche, de quienes aprendí gran parte del entrenamiento mental que me facilitó plasmar en este libro la maravillosa sabiduría del espejo de nuestras mentes.

Igualmente, reconozco la influencia primordial sobre este libro de los seis tomos de *El Ser Uno* (www.elserunobooks.com) que fueron canalizados por su autora/canalizadora, la Sra. Franca Rosa Canónica.

Finalmente, mi agradecimiento a mi madre, Doña Berta, por las horas que pasó leyéndome la biblia cristiana durante mi niñez, asegurándome que en algún momento me fortalecería en los momentos difíciles de mi vida.

El maestro no es más que un discípulo, a quien le gusta ayudar a otros a encontrar su maestría.

Las armas del verdadero Guerrero de la Luz son la compasión y la paciencia para esperar que el otro aprenda lo que ya él aprendió.

Iván Figueroa Otero, MD

LA SOLEDAD

La soledad es un estado conceptual y no situacional.

Es una privación o enajenamiento psíquico de la naturaleza amorosa primordial, que reside potencialmente en cada ser sensible en el universo.

Por eso existe aún entre la muchedumbre y el bullicio.

Paradójicamente, ese sentimiento de aislamiento desaparece espontáneamente, cuando penetramos en ese acurrucador silencio de nuestro interior, que nos hace sentir completos y saciados por la esencia más pura del amor.

Después de haber probado este manjar, surge una nueva manera de mirar las infinitamente variables manifestaciones de la realidad aparente, que nos permite observarlas sin enjuiciar sus ilusorios propósitos y resultados.

Esta nueva visión que nace de nuestro propio corazón y de todos los seres de este universo, aleja de nuestro ser todo vestigio de sufrimiento, cuando comprendemos que la felicidad siempre ha estado con nosotros en este sendero sin principio ni final.

«COLGA'OS» VS. COLGA'OS

En la escuela tradicional el «colga'o» (o colgado, en palabras correctas del vernáculo) es el que no pasa los exámenes. Pero, en la Escuela de la Vida colgarse no significa fracasar. Es más bien una experiencia de aprendizaje que se inició en algún instante y que no se ha completado aún, ya que las opciones de repetir la lección nunca se acaban.

En la Escuela de la Vida, no hay grados ni currículos generales. Cada quien viene a aprender y progresar en áreas particulares, y se aprende en el diario vivir. Es como si el currículo se creara mientras se aprende. Cada experiencia es una nueva oportunidad para crecer y desarrollarnos como seres completos, y cada quien decide cuándo aprendió lo necesario para moverse al próximo curso.

¿Quiénes son entonces los colga'os en la Escuela de la Vida? Son los que no se sienten satisfechos con sus vidas. Aquellos que por alguna razón están descontentos, estresados, inseguros, tristes o enojados se podrán sentir colga'os en alguna materia de su progreso personal. En estos casos las experiencias se repetirán hasta que se supere el escollo, para entonces continuar con el progreso.

Graduarse en plenitud de la Escuela de la Vida es el proceso más importante para el ser humano. ¡Lo que pasa es que, en ese proceso, los exámenes los dan el mismo día! Por eso, cuando nos colgamos, la cosa se pone más difícil, porque el examen del día siguiente incluirá el material del anterior. Las personas que se cuelgan sin darse cuenta de que pueden repetir el examen se están autoboicoteando cuando dejan de tratar de pasarlo.

Yo soy uno de esos colga'os de la vida que repitió muchas asignaturas, y durante esa experiencia aprendí un poco sobre cómo facilitar el proceso de pasar los exámenes (que no son otra cosa sino superar experiencias de vida). Este libro es uno de muchos libros que están saliendo para ayudar a los colga'os, y no debe tomarse como la única forma de progresar en la vida.

Como en todas las escuelas, en la Escuela de la Vida hay niveles según nacemos a la experiencia de vivir. En esta escuela los maestros son los mismos estudiantes que han pasado los temas del día anterior. Este sistema de enseñanza es como una cadena infinita de niveles, donde el más bajo aprende del que está un poco más elevado que él, y este a su vez educa al que le sigue en orden descendiente.

Si la Escuela de la Vida está llena de colga'os, como está pasando en esta época, los discípulos de niveles avanzados regresan y comparten su sabiduría en conjunto con grandes grupos de niveles inferiores, para ayudarlos a pasar los exámenes correspondientes. ¿Se acuerdan de la frase de Jesús llamando a unos «los pobres de espíritu»? Son también aquellos a los que Él se refirió cuando dijo «Perdónalos, porque no saben lo que hacen» (Lucas 23:34).

Los temas cubiertos en este repaso son mi experiencia, cómo yo interpreté las lecciones de la vida en clase, y cómo estas podrían guiarlos a ustedes en sus respectivos caminos en la infinita cadena de la Escuela de la Vida.

Las asignaturas en estas clases se van dividiendo en cuatro fases: la vida como ser social, familiar, profesional y espiritual. Exploraremos cómo la presencia de lo espiritual ayuda a cada una de estas fases para que se manifiesten en su mejor expresión.

Quiero expresar mi más grande agradecimiento a todos los que fueron mis maestros en cada fase de mis experiencias, y quienes me ayudaron a entender mejor las lecciones de mi vida. Mis disculpas de todo corazón a quienes, en mi ignorancia, les causé algún malestar en mi proceso de aprendizaje.

Debo aclarar que este libro no es un libro de religión y sí de espiritualidad, y en el mismo explico cuál es la diferencia. Utilizaré herramientas de una u otra religión para facilitar el entendimiento de los conceptos espirituales que unen a todas las religiones, pero no los que las separan. Es mi deseo que este texto se convierta en uno de los muchos aposentos que la vida nos ha preparado para nuestro disfrute en el amor de la universalidad.

Esta nueva edición es un esfuerzo por simplificar su lectura, aclarando un poco más los temas discutidos y agrandando el tamaño del tipo de letra impresa. Espero que al finalizar este libro puedan contestar su versión de las interrogantes arquetípicas de nuestras vidas: ¿Quién soy?, ¿De dónde vengo? Y ¿Para dónde voy? Y que, al igual que en el poema anterior, ustedes encuentren que el origen de nuestra felicidad siempre ha estado con nosotros desde el inicio de nuestra infinita y común experiencia cósmica. Comencemos con gozo esta lección de amor.

EL ORIGEN DEL UNIVERSO

Glosario Capítulo I

El *Big Bang* (la gran explosión)–Esta es la explicación más aceptada por la comunidad científica para explicar el origen de nuestro universo. Postula que el universo se originó de un punto de densificación masiva, o singularidad, donde no existía nada, pero de donde surgiría todo (lógico, ¿no?). ¡No se sientan mal si no entendieron, porque ni los expertos se ponen de acuerdo! De esta silenciosa explosión, en forma progresiva y expansiva, se manifestó nuestro universo en todo su extraño esplendor. ¡Desde ese momento, han sido muchas las mentes de los científicos que han explotado tratando de entender este fenómeno!

Antimateria - Lo opuesto a la materia, que la ciencia postula que existía en proporción igual que la materia después del *Big Bang*, pero que se les perdió a los científicos desde entonces. Se cree que da origen a la materia, pero no saben cómo (¿ven qué clara y certera es la ciencia?). Hoy en día, la antimateria es casi inexistente para las medidas científicas de nuestros instrumentos.

<u>Energía oscura</u> - Una energía que se sabe que existe por su influencia en la materia, que ocupa gran parte del espacio del universo (72%), pero que nunca se ha visto o podido medir (¡no sigo más o me enredo!).

<u>Materia oscura</u> - Lo que ocupa el otro 23% del universo, aunque no sabemos nada de ella, excepto por su influencia en la gravedad.

<u>Materia</u> - De lo que está compuesto nuestro universo entendible, medible y visible, siendo el 5% en el cual vivimos (???).

<u>Holograma</u> - Proyección tridimensional obtenida de una imagen plana, por técnicas de rayos láser. Hoy se

usa en televisión para transmitir la imagen de una persona a lugares distantes. Pronto estaremos viendo en nuestros hogares esta tecnología. Lo importante es entender que el científico Dr. Bhom estableció que de cualquier parte de un objeto del universo se podría reproducir todo el original. Esto sugiere que la información de toda la imagen está contenida en cada una de sus partes, y que hay una forma de comunicación intrínseca entre todas ellas.

Dimensión - De la forma que percibimos nuestra conciencia de estar dentro del espacio (tres dimensiones: ancho, largo y profundidad o altura), más la percepción del tiempo. Esta forma de observar el universo no es igual para todos los animales. Por ejemplo, las hormigas solo ven dos dimensiones y no perciben altura (¿será por eso que no se caen?). La cualidad de poder observar un universo tridimensional depende de nuestra visión binocular y la manera de nuestro cerebro procesarla. Cuando perdemos la visión de un ojo perdemos la visión tridimensional, pero no la de los otros sentidos (si no mantenemos la

13

distancia con otros objetos, definitivamente chocaremos y lo sentiremos en nuestro cuerpo, y los no videntes pueden leer con los dedos las figuras tridimensionales del Braille).

Tiempo - Es una definición muy subjetiva de la experiencia del observador cuando interpreta una serie de eventos con sus cinco sentidos y, basado en la capacidad cerebral de la memoria, los divide en segmentos imaginarios de presente, pasado y futuro. Para determinar el tiempo, utilizamos referencias a los cambios observables de las estaciones (climas) y la rotación del día y la noche. Basado en estos cambios, el hombre ha dividido el tiempo en secciones de segundos, minutos, horas, días, meses, años, siglos, etc. (¡ahora entienden porque es tan difícil llegar a tiempo a las citas!).

La teoría de relatividad del tiempo de Einstein - Ésta aclara científicamente que el tiempo se interpretará diferente de lugar a lugar en el universo. Establece que la velocidad máxima que puede obtener una partícula u objeto material en el universo es la velocidad de la luz, y que mientras más rápido vaya la partícula, más lento se experimentará el pasar del tiempo y el envejecer en ella. Lo que implicaría que cuando una partícula obtiene la velocidad de la luz, su tiempo cesa y desaparece para nosotros en nuestro tiempo tridimensional (recuerden esto, pues nos referiremos a ello luego.)

Amor - Estado potencial que no se puede medir, de donde existe toda posibilidad de manifestación y de donde se origina la vida y la consciencia de percibirla en toda su infinita y contrastante manifestación. Es la luz y el sonido que reside antes del *Big Bang*, igual a como residen estos en la noche antes del amanecer. Su naturaleza es la paciencia infinita, ecuanimidad, entendimiento y tolerancia, que permite a sus hijos el libre albedrío para usarlo. Esta naturaleza une toda parte de la creación en una madeja o tapiz, tejida por la fuerza inquebrantable del amor (yo soy el que soy).

¿CÓMO FUE QUE NOS METIMOS EN ESTE BERENJENAL?

La lección principal de este capítulo se enfoca en contestar dos de las muchas preguntas que el ser humano se hace en algún punto de su vida: ¿De dónde vengo? ¿Quién soy? Para entender esto, tenemos que adentrarnos cautelosamente en el reino de la ciencia. No se asusten, porque los llevaré cogidos de manos por todo el camino.

Y en el principio solo existía el amor. ¡Y en su sueño vio todas las posibilidades de la creación, y una gran explosión la despertó, y al abrir los ojos ya no estaba sola!

Debido a las discrepancias en todas las historias de la creación del universo que se encuentran en las religiones principales de nuestra historia, y por mi falta de conocimiento de estas, he optado por enfocar mi discusión en la información que la ciencia nos provee y mi interpretación de esta visión.

Es interesante compartir con ustedes (como verán más adelante) cuál fue mi estudio de esta visión científica del universo, y la visión cosmológica del budismo, lo que me acercó nuevamente a mis orígenes cristianos. Deben entender que mientras estudiaba otras visiones religiosas, entendí mejor las de mi crianza.

La teoría más aceptada de la formación del universo es la del *Big Bang*, la cual postula que todo apareció de un punto o singularidad en donde estaba en un estado potencial, en forma de una gran explosión, que creó un universo en continua expansión. Inicialmente, este universo estaba compuesto en partes iguales por materia (50%-lo que vemos y creemos que somos) y antimateria (50%-lo que no vemos y no sabemos qué es).

De alguna forma misteriosa, la antimateria se reduce a una cantidad ínfima que no se puede medir, que sabemos que existe, pero no podemos percibirla, y aparecen dos nuevos componentes: la energía oscura (23%) y la materia oscura (72%), que quizás sean la manifestación medible de la antimateria. Si sumamos 72% + 23% = 95%, ¡nos dice que el universo en que vivimos es solo el 5% del total!

Según nuestros sentidos humanos e instrumentos científicos, predomina la materia, pero esto es una ilusión, ya que si pudiéramos sumarle la antimateria perdida, veríamos que solo percibimos y entendemos el 5% de nuestro universo que es la materia. ¡Por eso hay tantos enajenados en este planeta!

Esto nos crea una paradoja: ¡parece que nos han engañado afirmando que el hombre es el centro de este universo y la obra culminante de la creación! (No se asusten. Luego les daré información que les subirá su autoestima nuevamente.) ¿Y por qué no percibimos toda esa otra parte de nuestro universo? Para tratar de entender mejor esto, debemos dividir nuestro universo en dos grandes partes: una perceptible y otra imperceptible a nuestros cinco sentidos: visión, tacto, olor, audición y sabor.

Debemos aclarar que las capacidades de estos sentidos varían de animal a animal. Las de algunos animales (¡sí, somos animales, unos un poco más que otros!) son superiores o inferiores a las nuestras, lo que implica que, aunque compartimos el mismo universo, no percibimos la misma perspectiva del mismo.

Nuestra consciencia del universo es la suma de las experiencias que vivimos con todos los sentidos más la interpretación que aprendimos durante nuestro proceso de socialización, crianza, educación y tendencia hereditaria. Esto implica que nuestra personalidad es parecida a una programación (software) influenciada por lo aprendido en nuestra vida y las características hereditarias de nuestros padres (luego entraremos más en detalle sobre esto en otros capítulos).

Nuestro universo es como el reflejo de la luna en un lago

Imaginemos al ser primitivo cuando por primera vez observó la reflexión de la luna en un cuerpo de agua tranquila, y que no estuviera consciente del origen de la imagen. Así nosotros igualmente observamos (erróneamente) que nuestro universo es la totalidad del mismo, cuando nuestros cinco sentidos solo nos permiten ver menos del 5% del total. Vivimos en un universo material, que es un holograma de la totalidad del universo, y participamos en una percepción limitada de nuestra realidad.

Esta imagen holográfica es una ilusión tridimensional que, junto con la visión relativa del tiempo, nos encierra en su fantasía de nacer y morir, nos hace sentir el miedo y el sufrimiento y no nos deja percibir nuestro verdadero origen.

Esta imagen del universo es como una majestuosa obra de teatro donde participamos en múltiples roles y guiones y donde, al reunirnos luego con nuestros compañeros en el café, solo dialogamos sobre la calidad de la actuación y cómo podríamos mejorarla para la próxima obra.

Para encontrar nuestro origen, debemos mirar a las estrellas y la explosión original, y no la imagen que se refleja en el lago creada por nuestros cinco sentidos. (¡No todo lo que brilla es oro! ¡Cuidado con el lobo vestido de oveja! ¡Las apariencias engañan!).

¿Somos hijos del amor (Dios) o somos hijos del hombre?

Científicamente, como expresó Carl Sagan, somos hijos de las estrellas, pues estamos compuestos por polvo cósmico que se originó después del *Big Bang*. Este hecho científico nos hace portadores de un linaje común que luego dio origen al ADN, el material hereditario que originó la vida en nuestro planeta.

No importa nuestra raza, color o sexo, todos nos originamos de ese primer ADN. Pero, si ya establecimos que la materia se manifiesta solo en un 5% de nuestra realidad, y que el resto del universo (el otro 95%) se originó del mismo lugar, debemos concluir que esa parte también es de nuestro linaje común. Esto parece implicar que nuestro origen es de naturaleza dual, donde somos tanto hijos del amor (Dios-antimateria) como hijos del hombre (materia-tiempo).

Si entendemos que el ADN biológico lleva grabado en sí la memoria de todo lo que sucedió en nuestra materia desde el *Big Bang*, tendríamos que aceptar que el resto del 95% del universo, la antimateria, etc., debe también tener una memoria o grabación de un ADN antimaterial (espiritual), del cual también tendríamos linaje (parentesco). Por ahora, solo aceptemos que somos seres con manifestación dual, como hijos de Dios e hijos del hombre, con un linaje común, no importa raza, sexo o religión.

La ciencia también polariza al universo en dos partes según su explicación científica: las leyes de

Newton, quien definió el comportamiento de los objetos materiales en gran escala, y la física cuántica, que define las leyes del comportamiento de escalas menores, como las partículas subatómicas. En la primera 2 + 2 siempre es 4, pero en la segunda esta es solo una de muchas probabilidades.

En la física cuántica nada es imposible – solo más o menos improbable. El observador influencia la manifestación de lo observado con su pensamiento.

¿Entienden entonces la importancia de la intención del pensamiento? Miren la siguiente tabla.

Física clásica (universo material – 5%)	Física cuántica (universo antimaterial – 95%)
Es determinista: Si sabemos la posición y la velocidad de un objeto, podemos determinar a dónde va.	Es probabilística: Nunca se sabe con seguridad absoluta en qué se convertirá una cosa. No es reproducible, porque varía según el observador.

Física clásica (universo material – 5%)	Física cuántica (universo antimaterial – 95%)
Es reduccionista: Las partes de este universo parecen actuar con independencia de las otras.	Es holística: El universo es un todo holográfico unificado, cuyas partes interactúan unas con otras instantáneamente.
El observador observa el universo como algo fuera de sí mismo, y no se siente parte del mismo. La realidad es externa e independiente de él.	El observador es parte interdependiente de su universo. Él es un microcosmos de su macrocosmo, y mantiene una relación holográfica con el todo. El universo que lo rodea es cambiable con la intención de su pensamiento.
Es aplicable al mundo en gran escala, pero no al mundo subatómico.	Es aplicable a todas las escalas del universo, ya que todo a gran escala está compuesto por partículas subatómicas.
Se basa en el conocimiento de	Se basa en el conocimiento de un

Física clásica (universo material – 5%)	Física cuántica (universo antimaterial – 95%)
«verdades o leyes absolutas».	universo continuamente cambiante en ciclos infinitos con «tendencias a existir» o «tendencias a ocurrir».
El tiempo es absoluto en todo lugar del universo.	
El universo es tridimensional.	El tiempo es relativo en todas las partes del universo de acuerdo a la velocidad del objeto y del observador (ley de relatividad).
	El universo es multidimensional.

El desarrollo de las ciencias modernas fue influenciado especialmente por el concepto dualista del ser que postuló la teoría Cartesiana, donde, utilizando la teoría mecánica de la física de Isaac Newton, se afirmaba: «Pienso, luego soy». Aquí, el proceso del conocimiento y estudio debía limitarse al mundo del análisis racional y científico basado en leyes establecidas por el uso de los cinco sentidos (si no lo percibo, no existe).

Esta parte, la material del hombre, parecía ser independiente de la que existía más allá de lo físico, lo cual el hombre llamó metafísica – algo que no se puede medir e incognoscible según las leyes científicas. La metafísica estaba fuera del recurso de la razón para estudiarla. Esto creó una visión mecánica del ser humano en donde lo metafísico (espíritu) o trascendental no tenía importancia ni influencia en la parte material.

Esta visión predominó como norte hasta el desarrollo de la física cuántica y la teoría de la relatividad de Einstein al principio del siglo XX. Estas nuevas teorías empezaron a documentar que existía un universo subatómico, invisible, fuera del tiempo absoluto y la existencia de dimensiones más allá de las tres tradicionales de nuestra percepción (esto formó un «salpafuera» científico que aún no ha terminado).

Por primera vez, lo metafísico o trascendental (antimateria) y multidimensional se estableció como una realidad en nuestro universo físico. Basado en este nuevo conocimiento, postulo que deberíamos cambiar el axioma Cartesiano a: «Soy, luego pienso». Esto, ya que según hemos estudiado, lo material se originó después del *Big Bang* y proviene de lo antimaterial, que a su vez se originó de un punto potencial indefinible, que yo defino como el amor.

Este postulado refuerza una de las pocas veces en que Dios se describe a sí mismo en la biblia, cuando en el Monte Sinaí, a la insistencia de Moisés, él contesta, «Yo soy el que soy» (Éxodo 3:14). Esto refleja la naturaleza indefinible e inclusiva de su grandeza, que se ajusta en forma amorosa a lo que sus hijos quieren que Él sea para ellos, que era el estado inicial de todo antes del *Big Bang*. Podemos entonces inferir que nosotros somos, en la manifestación de la materia, hijos de Dios - «Yo soy el que soy» (revisen el término «amor»).

En resumen, el universo se origina de un punto (singularidad) de donde, por una gran explosión de amor (Dios), se manifiesta inicialmente en formas infinitas (espíritu, hijo de Dios, antimateria, materia oscura, energía oscura) y estos a su vez se manifiestan en la forma dual del ser (el hijo de Dios dentro del hijo del hombre, o el Cristo) formando la trinidad universal.

DIOS
(AMOR)
(SINGULARIDAD)

HIJO DE DIOS
(ESPÍRITU- ANTIMATERIA)

HIJO DE DIOS DENTRO DEL HIJO DEL HOMBRE
(MANIFESTACIÓN DUAL DE LA ANTIMATERIA EN
LA MATERIA)

La responsabilidad y la creación compartidas (corresponsabilidad, cocreación) son las dos cualidades que nos deben regir en nuestro compartir universal

Para entender estos conceptos, debemos repasar lo ya explicado.

Al definir nuestro universo como uno holográfico y cuántico, debemos recordar que todo el universo está interconectado por la inexorable matriz que lo une en amor, ya que cada parte es de la misma familia o linaje, no importa cuán distantes o diferentes nos percibamos en los planos materiales de tiempo y el espacio. La acción que ocurre en una parte del holograma cuántico siempre repercute en todas las partes del holograma.

Para entender estos conceptos, debemos repasar lo ya explicado. Al definir nuestro universo como uno holográfico y cuántico, debemos recordar que todo el universo está interconectado por la inexorable matriz que lo une en amor, ya que cada parte es de la misma familia o linaje, no importa cuán distantes o diferentes nos percibamos en los planos materiales de tiempo y el espacio. La acción que ocurre en una parte del holograma cuántico repercute en todas las partes del holograma.

Recuerden las citas bíblicas: «Les aseguro que todo lo que hicieron por uno de mis hermanos, aun por el más pequeño, lo hicieron por mí» (Mateo 25:40) y «Ama a tu prójimo como a ti mismo» (Mateo 22:39). Estas nos afirman el linaje común del universo y todas sus partes. De esta sensibilidad, de ser parte de una gran familia y de la ley de oro, «no le hagas a otro lo que no te gusta que te hagan a ti», nace la consciencia de corresponsabilidad de nuestras acciones. Luego, en otro capítulo, explicaré cómo la ley del amor corrige los desequilibrios originados por acciones irresponsables de sus hijos.

La cocreación nace con la capacidad de la consciencia del ser (observador) para percibir el universo en todas las infinitas posibilidades que el

holograma le ofrece, permitiéndole, según su visión perspectiva individual, interpretar lo bueno y lo malo, lo feo y lo bello.

Esta forma crítica de ver el universo limita al ser material (hijo del hombre) que no está consciente de que es también un hijo de Dios (ser cuántico) y que vive prisionero en su cárcel (egoísmo) con los barrotes creados por los cinco sentidos. Ya sabemos que esta acción mental en el mundo cuántico holográfico altera el universo que lo rodea, creando un desequilibrio en todo el holograma. Este desequilibrio es a lo que nos referimos como la corresponsabilidad y cocreación de esa acción mental.

Por eso, la intención al observar nuestro universo debe siempre fundamentarse en el linaje común del amor. Esto nos debe hacer conscientes de que la única manera en que el amor se puede manifestar en el universo es por medio de los hijos del hombre manifestando su naturaleza espiritual, o el hijo de Dios (el Cristo).

Contestemos ahora las preguntas del inicio:

¿De dónde vengo?

Somos hijos de la gran explosión de amor que dio origen a todo el universo. Llevamos un linaje común que nos une en su interminable matriz, que se manifiesta en todas las diferentes e infinitas dimensiones, permitiendo que participemos en esta interminable cocreación con una actitud de corresponsabilidad amorosa.

¿Quién soy?

Soy un ser de luz con incontables manifestaciones dimensionales de tonalidades de amor y vida. En estas está la experiencia transitoria dentro de la materia, tiempo y espacio (ser humano). Esto me permite el uso de mi libre albedrío de manera corresponsable en el proceso de cocreación.

¿Entienden ahora porque no podemos culpar a otros por nuestros fracasos y sufrimiento?

ASIGNACIONES

Ejercicio para encontrar el otro 95% de nuestro universo.

1. Observemos todo los que nos rodea con nuestros cinco sentidos. ¿Podemos ver, oler, sentir, oír y saborear todo lo que sabemos que existe? Sabemos que no podemos. Pensemos en las cosas que sabemos existen, pero que no podemos percibir.

   a) ¿Alguna vez hemos visto el viento que mueve las ramas de un árbol?

   b) ¿Alguien ha visto o sentido los rayos X durante los estudios radiológicos, o visto o sentido las infinitas emanaciones de rayos del sol, que nos bombardean y traspasan nuestros cuerpos?

   c) ¿Alguna vez hemos visto los incesantes pensamientos que nuestras mentes producen?

d) ¿Alguien puede decirnos con certeza en dónde se encuentra la mente y describir su configuración?

e) ¿Alguien puede ver y localizar dónde ocurren nuestras emociones?

f) ¿Vemos todos los millones de organismos microscópicos y submicroscópicos que viven en toda superficie de nuestro cuerpo?

Mirando al cuerpo externamente, no podemos ver todos los tipos de células de las que están compuestos todos los órganos. La mayoría de las cosas anteriores nadie las pone en duda, pero nadie las ha visto sin instrumentos especiales.

Estas simples observaciones nos hacen comprender que no todo lo existente es perceptible, y que no solo lo perceptible es lo existente. ¿Ya están encontrando dónde está el resto del universo?

2. Observen a su alrededor y noten todo lo que ven, y busquen cuál es su origen. Descubran si pueden ver, oler, tocar, saborear u oír sus pensamientos o los de otros. Traten de ver u oír las corrientes eléctricas que crean la conducción nerviosa de esos pensamientos. Palpen la superficie de sus cuerpos y de los objetos que les rodean. Observen su textura, su solidez y elasticidad. Miren sus manos y entiendan que están compuestas de tejido muscular, cartílago y hueso, que a su vez está compuesto de células invisibles, de moléculas y compuestos orgánicos y que en última instancia está hecho de partículas subatómicas invisibles.

3. Todas las otras partes de sus cuerpos están constituidas por las mismas partículas elementales. Pero, ¿por qué las vemos tan diferentes? ¿Cómo aprendimos a diferenciar nuestro universo? Los nombres asignados a estas cualidades, ¿son iguales para todos los lenguajes? Observen cómo, a lo largo de sus

vidas, sus acciones han influenciado a otros en su ambiente y su situación presente.

4. Al final, mediten en silencio sobre lo observado y contesten: ¿Dónde está mi yo visible o individualidad? ¿Dónde está mi parte invisible? ¡Si lo encuentran, envíenme un correo electrónico y díganme dónde lo encontraron!

PREGUNTAS DE BONO PARA SUBIR LA NOTA

1. Si el *Big Bang* ocurrió de una singularidad, ¿en dónde estaba todo lo por manifestarse aún en un estado potencial condensado?, ¿de dónde vino lo preexistente?

2. ¿Por qué digo que la explosión fue silenciosa?

3. ¿Por qué me refiero al amor como femenino? Estudien la teoría del Yin y el Yang.

4. ¿Por qué, si todos somos hijos de Dios, hechos a su imagen y semejanza, no todos manifestamos el amor en el universo? Revisen la frase de Jesús en sus últimos momentos: «Perdónalos, porque no saben lo que hacen» (Lucas 23:34). Y podríamos añadir mi pensamiento, «porque han olvidado que son tus hijos y mis hermanos en el amor».

5. Si en todo momento el proceso de interpretar, entender, investigar y razonar solo ocurre con menos del 5% de la data, ¿podría alguien afirmar que tiene la verdad absoluta o toda la razón? ¿Cuál posición debemos asumir al discrepar con otros en la forma de entender la vida?

6. ¿Cuántas posibles visiones de lo que es Dios para el hombre pueden existir?

COMO RÍOS DEL GRAN OCÉANO: LA FALSA PERCEPCIÓN DEL INDIVIDUALISMO Y SEPARACIÓN

Glosario Capítulo II

Ley de conservación de energía - La primera ley de la termodinámica, que afirma que la energía no puede crearse o destruirse, solo se puede transformar de una forma a otra. Ej.: energía<>materia en forma bidireccional infinita. ¿Parece que este universo nunca se va a acabar?

Qi o Chi - Término usado en la tradición oriental médica china para referirse a esa energía que puede estar en estados vibratorios más altos (energía) o más bajos o densos (materia).

Ego - En latín significa el yo. En este texto se refiere al ser, que nos hace sentir individuos y observadores del universo que nos rodea (individualismo). Nos permite percibir lo mío y lo de otros, observar los efectos del tiempo (nacer, envejecer, enfermar y morir) en nosotros, e interpretar la calidad de la vida con los sentimientos generados por nuestros cinco sentidos en buenas y malas experiencias. De este nace la personalidad.

Egoísmo - Manera de convivir en el universo, basado en la independencia e individualismo que nos hace sentir separados artificialmente en razas, colores, religiones, conocimiento y poder, en donde la acción y sus efectos no se observan como interdependientes. ¡Es el mundo de lo mío y lo tuyo y no de lo nuestro!

Personalidad - Es la programación (software) que nos han hecho creer que define lo que somos. Se genera de una combinación de las características hereditarias de ambos padres y las experiencias adquiridas o aprendidas de nuestros padres, amigos, maestros, religiones, libros, ambiente social y los medios de comunicación.

Trascendente - Aquello que transciende lo físico, que algunas personas lo llaman lo metafísico. Se refiere a lo antimaterial, en donde los conceptos de tiempo y espacio no existen, y equivale al mundo multidimensional de la antimateria.

Tabla periódica - La que llamo «la gran sinfonía de los elementos químicos». La agrupación de los elementos en grupos basados en el número atómico que tiene cada elemento, que los clasifica en familias con diferentes características químicas.

«El universo es como un gran océano de Qi en el cual nosotros somos como ríos que drenamos en él. En un momento dado podemos creer que somos ríos individuales, pero al reunirnos con él, comprendemos que nunca estuvimos separados del océano. Algunos surgimos como ríos amplios y turbulentos. Otros, apacibles o como riachuelos débiles, pero nunca estamos solos en nuestro sendero. Lo que afecta al océano afecta al río y lo que afecta al río repercute en el océano.»

—Iván Figueroa Otero MD

Debemos revisar el capítulo anterior y recordar que el ser apareció como una manifestación hecha a la imagen del amor (Dios). Se presenta en nuestra realidad con todas las cualidades que aparecieron después del *Big Bang* en una forma dual aparente que identificamos como las cualidades del hijo de Dios (antimateria-espíritu) y las del hijo del hombre (materia-tiempo-espacio), y que residen y comparten, conjuntamente, en el Cristo (el hijo de Dios dentro del hijo del hombre).

¿Cuáles son las cualidades de esas dos naturalezas? Si ven la tabla incluida en el capítulo 1, en la página 39, pueden comparar las características de la física clásica con el ser como hijo del hombre, y las de la física cuántica con las del ser como hijo del amor (Dios). Debemos recordar que el universo material en donde vivimos los seres humanos solo ocupa el 5% de la totalidad del universo. Este se rige por las leyes de la física clásica.

Del capítulo anterior también podemos comprender la paradoja creada por la dualidad aparente de un ser temporal, que vive en el tiempo y los hábitos creados por su mente, sugiriéndole que tiene su principio al nacer y su final al morir. Pero, ¿realmente muere algo en este universo, o solo ocurre una infinita transformación de materia<>energía como lo demuestra Einstein en su teoría de la relatividad? (Lean en el glosario el tema de la ley de trasformación de energía) ¡El universo es la fábrica de reciclaje más eficiente que existe, por eso debemos tener cuidado de no ser reciclados!

No es razonable creer que porque el 5% de nuestro ser desaparece del mundo material, dejamos de existir. Vale la pena preguntar, ¿dónde estaba el 95% de mi ser antes de nacer, y para dónde se va al morir mi cuerpo? ¿Aceptaremos que nuestra consciencia de ser desaparecerá con nuestras cenizas?

Haciendo referencia al poema en este capítulo, es válido preguntar: ¿Por qué los ríos (hijos del hombre) pierden consciencia de su origen (océano-Dios)? Esta aparente separación del hijo del hombre (tiempo y materia) de su origen, Dios (antimateria, multidimensional, atemporal) se origina con la aparición del concepto del ser (ego), cuando en el organismo biológico se desarrollan los cinco sentidos.

Los estudios científicos nos dirigen a señalar que el proceso de observación del universo externo por medio de los cinco sentidos es un proceso de interpretación y organización muy subjetivo, en donde organizamos el mundo externo con la ayuda del aprendizaje que otros que ya han experimentado previamente.

Estos patrones aprendidos que rigen nuestras vidas se convierten en hábitos buenos o malos, dependiendo de cómo nos hacen sentir.

Es parecido a cuando, para facilitar rearmar un rompecabezas, se nos da la imagen final del mismo. Sería casi imposible armar uno sin esa referencia. Es la concordancia en las experiencias repetidas la que nos lleva a establecer los paradigmas sociales que nos permiten convivir en estructuras sociales civilizadas. Estas experiencias varían según su influencia geográfica y racial.

Parecería ser que el mundo externo se ve, huele, saborea, palpa y se oye más con el cerebro que con los sentidos en sí. Veremos más adelante cómo la física cuántica sugiere que el observador influencia la manifestación de lo observado. Sugiere así que nuestras experiencias sobre nuestra realidad externa varían según las experiencias o hábitos aprendidos durante el proceso de vivirlas.

Nuestra realidad de lo percibido varía dependiendo del color del lente que usemos para observarlas, determinado por los patrones habituales aprendidos y heredados.

Individualismo (independencia) versus interdependencia: la falsa impresión del individualismo

El origen del individualismo se basa en la aparente aparición y disolución física (nacimiento y muerte) de la manifestación temporal de nuestro origen inmortal (Dios). Esta transición genera en el individuo el concepto del tiempo, el envejecimiento y la sensación de premura para aprovechar el periodo de experiencia que llamamos vida. Recuerdan la canción de salsa que afirmaba: «¿Y si no reencarno na', ah?»

El ser humano entonces, basándose en que tiene que aprovechar al máximo su tiempo, decide buscar individualmente lo que más le satisfaga y provea felicidad sin considerar los efectos que estas acciones tengan sobre los otros que comparten su experiencia. Este individualismo desbocado es el origen del egoísmo (ego) y que da origen a la canción de Ricky Martin, *La vida loca*. Estos seres que viven de esa forma nunca encuentran realmente la felicidad.

La búsqueda de la felicidad es de las pocas acciones en que los seres humanos tienen concordancia absoluta, aunque no estemos de acuerdo en qué significa y cómo encontrarla. Esta búsqueda de satisfacción enfatiza la creación de fronteras físicas y mentales que nos gustaría «privatizar» para nuestro bienestar y seguridad, tratando de mantenerlas inmutables en su apariencia y acción. Finalmente, esa búsqueda es insaciable y solo acaba en más sufrimiento e insatisfacción.

El resultado de esta búsqueda es el ciclo interminable del cambio que genera el tiempo y el tiempo que genera el cambio. (¡Esta paradoja Zen (Koan) es mía!).

Origen del sufrimiento

El hombre que no entiende de dónde viene y quién realmente es se siente perdido en una batalla interminable con el tiempo y el cambio que él mismo ha creado con sus hábitos. También, sufre la discrepancia que tiene con otros seres sobre lo que realmente es la felicidad.

El vivir, si lo hacemos con egoísmo y falta de conciencia de nuestra interdependencia con las leyes del universo y otros seres, se convierte en una pesadilla de sufrimientos con momentos breves de felicidad (parece una telenovela).

La felicidad es un estado de balance interior (bienestar) de la mente, que no depende de lo que esté pasando afuera de ella.

El hijo del hombre parecería haber olvidado su verdadero origen, creando por ignorancia una separación ficticia con su creador. Entonces, para reencontrar la felicidad debemos recordar nuestro verdadero origen y comprender que la experiencia de la vida es solo una, en donde lo trascendental se manifiesta en una infinita y cambiante gama de posibilidades. La interdependencia de una posibilidad con otra es inevitable, lo cual da origen a la verdadera solidaridad de nuestra humanidad en esta experiencia.

Recordaremos entonces que el origen de todo este sufrimiento es la ignorancia de nuestro verdadero origen.

Todas las religiones enfatizaron que el ser humano debería entender su origen trascendental para encontrar el amor y la paz en su vida. (Parece que sus seguidores no entendieron el mensaje, ¿no?)

En la biblia se enfatizaba el hecho de que el reino de Dios no era de este mundo, pero paradójicamente, se encontraba en el corazón de todo ser. Esto concuerda con la presencia dual de la naturaleza del ser que hemos descrito.

Entonces, deberíamos entender que el hombre fue el que, con su mente, se encerró en su propia cárcel, creada por los barrotes de su egoísmo (cinco sentidos), y luego se olvidó de cómo existía fuera de ella en la casa de su Creador. ¿Seremos unos masoquistas que solo buscamos darnos nuestro propio fuete?

La velocidad de la luz, la línea divisoria ficticia que divide el tiempo del no-tiempo

Einstein probó que el tiempo es relativo a la velocidad de la luz, donde el tiempo para un observador que viaja por el espacio parecería ir disminuyendo según la velocidad de su nave va aumentando. En teoría, si su velocidad alcanzara la de la luz, el tiempo desaparecería y su nave dejaría de existir para otros observadores que comparten con él.

De esta manera se crea una barrera virtual que divide el universo en dos partes, una visible en el tiempo y otra invisible fuera del tiempo para cualquier objeto que viajara a la velocidad de la luz.

Como toda materia en el universo está compuesta, en su estado más esencial, por configuraciones específicas de partículas subatómicas invisibles, que a su vez se agrupan en elementos y compuestos visibles (tabla periódica de elementos), podríamos concluir que nuestros cuerpos están compuestos de materia invisible (partículas subatómicas) y de materia visible (elementos y compuestos).

Si aceptamos la teoría científica que dice que la mayoría de las partículas subatómicas viajan cerca de, o a la velocidad de la luz, tendríamos que concluir que las mismas están fuera del espacio-tiempo e invisibles para nosotros.

Y si ya sabemos que nuestros cuerpos están compuestos por un 95% de partículas subatómicas que están fuera del tiempo (antimateria), ¡hay una parte de nuestros cuerpos que es invisible, está fuera del espacio-tiempo y es inmortal! (¡Pero, cuidado con lo que hacen, porque la parte mortal es una realidad ineludible!).

Así que, somos viajeros multidimensionales, que compartimos la dualidad del tiempo y el no tiempo simultáneamente, aunque la mayor parte del tiempo solo estemos consciente de nuestra parte material en el espacio y tiempo. En otras palabras, ¡somos los hijos de Dios conviviendo dentro del hijo del hombre!

Podríamos concluir que las acciones egoístas y las faltas de amor del hombre se originan de la ignorancia de su verdadero origen y su verdadera naturaleza como hijos de Dios («Perdónalos, Padre, porque no saben lo que hacen»).

Cuando los hombres se sienten «familia», donde la sangre y la herencia genética que los une es la fuerza del amor, se manifiestan en ellos espontáneamente las cualidades que por tanto tiempo se inhibieron por la ignorancia, el miedo y el coraje. El egoísmo se desvanece con la sensación de ser «parte de» y no «aparte de». Como se decía en los Tres Mosqueteros, ¡uno para todos y todos para uno!

Es así como entendemos el amor según descrito por San Pablo en su carta, «El amor es paciente, es bondadoso. El amor no es envidioso ni jactancioso ni orgulloso. No se comporta con rudeza, no es egoísta, no se enoja fácilmente, no guarda rencor. El amor no se deleita en la maldad, sino que se regocija con la verdad. Todo lo disculpa, todo lo cree, todo lo espera, todo lo soporta.» (1 Corintios 13:4-7).

ASIGNACIONES

Revisemos la historia de nuestra vida. Recordemos los momentos más felices de la misma. ¿Fueron estos logros cosas materiales, tales como honores, diplomas, propiedades, autos o riquezas? ¿O fueron eventos no tan prácticos, como el matrimonio, el nacimiento de un hijo o nieto, una graduación o el éxito de un ser querido?

¿Cuántos eventos conseguidos de metas materiales más tarde tuvieron consecuencias no tan agradables? Como por ejemplo, la responsabilidad de pagar un auto nuevo o la hipoteca de una casa.

Las metas educativas y los diplomas, ¿trajeron lo que esperaban obtener de los mismos, o solo le añadieron responsabilidades y obligaciones?

Toda la planificación y adquisición de bienes y reconocimiento público, ¿pudo evitar los muchos momentos tristes de sus vidas, como la muerte y enfermedad de un ser querido o como el divorcio de sus padres dentro de su aparente opulencia?

¿Cuántas cirugías cosméticas necesitaremos para mantener la ilusión de la juventud eterna? No hay cirugía que pueda borrar las cicatrices emocionales de nuestros corazones cuando ya han envejecidos hasta el punto en que no pueden amar las cosas sencillas de la vida.

Revisemos nuestras vidas, recordemos a cuántos seres le debemos todos nuestros logros, y demos gracias. Es una lista interminable, empezando por nuestros padres. Ahora, meditemos en silencio sobre todas nuestras experiencias y sus consecuencias. Comprendamos cómo nuestras acciones afectan a los demás, directa o indirectamente, y cómo las de los otros hacen lo mismo con nosotros. ¿Nos sentimos como ríos del gran océano o como ríos que siguen su cauce independiente de su entorno? Acabemos con una meditación en silencio. De nuevo, busquen en dónde está su yo o su mente.

PREGUNTAS DE BONO PARA SUBIR LA NOTA

1. Si la felicidad es un estado de bienestar creado por la mente, ¿qué debo hacer ante las experiencias de sufrimiento que experimento, para aminorarlas?

2. ¿Existe la maldad en los hombres? Si no existe, ¿por qué hacemos acciones que crean sufrimiento en otros?

3. ¿Dónde podemos encontrar el amor en este mundo tan conflictivo? (sugerencia: ¡busquen un espejo!)

4. ¿Qué podemos hacer para cambiar los hábitos aprendidos, que no nos dejan reconocer que somos hijos de Dios y sentirnos amados?

(Sugerencia: ¿qué hacemos con los programas obsoletos de nuestra computadora?)

NUESTRO UNIVERSO, UN CUENTO SIN PRINCIPIO Y SIN FINAL

Glosario Capítulo III

Libre albedrío - Parte de la capacidad del ser racional que, dentro de sus capacidades o limitaciones, escoge la opción más beneficiosa en un momento dado de su experiencia individual. El libre albedrío no es igual para todos: varía según la inteligencia, situación social, política, ética y salud individual. Se asocia con la voluntad del ser para actuar con libertad relativa. Esta visión enfocada en el individualismo genera la acción individual extrema, conocida como egoísmo.

Teoría de hemisferios cerebrales - La neurología y la psicología han encontrado que cada hemisferio cerebral predomina en ciertas funciones. El hemisferio

izquierdo (razón) procesa la información analítica y
secuencialmente, paso a paso, de forma lógica y
lineal. Este hemisferio analiza, abstrae, cuenta, mide el
tiempo, planifica procedimientos paso a paso, verbaliza
y piensa en palabras y en números. En otras palabras,
contiene la capacidad para las matemáticas y para
leer y escribir. El hemisferio derecho (amor), por otra
parte, parece especializado en la percepción global,
sintetizando la información que le llega. Con él vemos
las cosas en el espacio, y cómo se combinan las
partes para formar el todo. Gracias al hemisferio
derecho, entendemos las metáforas, soñamos,
creamos música y creamos nuevas combinaciones de
ideas. Es intuitivo y emocional en vez de lógico.
Piensa en imágenes, símbolos y sentimientos. Tiene
capacidad imaginativa y fantástica, espacial y
perceptiva.

Naturaleza primordial (el amor) - Lo que existía
antes del *Big Bang*, y el origen de todo. Es la parte
femenina de la trinidad (Yin, o el espíritu) que da
origen al *Big Bang* (Yang).

Cocreación - Es el proceso de la creación donde el amor (Dios) facilita y apodera a su hijo con el libre albedrío para crear un universo y lo hace corresponsable de los resultados. El resultado final será según la intención amorosa o egoísta de los hijos de Dios.

Torre de Babel - Torre que las primeras tribus hebreas empezaron a construir para llegar al cielo, ya que todas tenían un lenguaje común que les facilitaba el proceso. Dios, que no deseaba que el hombre así lo hiciera, los dispersó sobre la tierra y les cambió sus lenguas para que no se entendieran y no pudieran terminar la torre. (¡Qué travieso era *Yahveh*!)

Esquizofrenia cósmica - Estado de confusión mental donde el ser manifiesta una personalidad doble, como hijo de Dios o hijo del hombre, que lo hace vivir en un universo desequilibrado y que le trae mucha confusión y sufrimiento. La mayoría de estos se creen que solo son hijos del hombre y consideran locos a los que creen ser hijos de Dios.

<u>Shamata</u> - Técnica de meditación que tiene como propósito tranquilizar la mente, enfocándola en un objeto o acción. (Ej. velas, estatuas, acciones, música, rezos, mantras o actos repetitivos).

LA COCREACIÓN RESPONSABLE QUE NACE DE NUESTRO LIBRE ALBEDRÍO

En este capítulo nos enfocaremos en tratar de aclarar un poco más la interrogante: ¿Quién soy?

Nuestra comprensión del universo es como un cuento sin principio y sin final en donde el lector va creando la trama según va leyéndolo

Resumiendo los dos primeros capítulos, podríamos concluir que vivimos en un universo de manifestación dual aparente, creada por los contrastes originados por la manera dual del ser según se percibe por medio de los cinco sentidos. En estos dos capítulos discutimos la dualidad de un mundo perceptible que representa un 5% y uno imperceptible que representa el 95%, respectivamente, del universo existente. Con el inconveniente de que el hombre vive mayormente consciente del 5% que percibe, generando unas barreras conflictivas entre sus dos naturalezas que no le permiten conocerse a él mismo, como lo sugerían los filósofos griegos y las enseñanzas del lejano oriente.

El hombre parecería estar viviendo una **esquizofrenia cósmica**, en donde los humanos que le acompañan en el camino lo consideran normal, porque comparten sus mismas alucinaciones, ¡pero consideran locos de remate a los que les hablan del mundo imperceptible del amor! De ahí viene la frase «locura de amor».

La dualidad del ser humano

A través de la historia, esta naturaleza dual del hombre fue la base teológica de casi todas las religiones y filosofías existentes. Podríamos clasificarla para nuestra discusión como:

1. La naturaleza absoluta-imperceptible (trascendental, inmaterial, transparente, inmutable e inmensurable)

2. La naturaleza relativa-perceptible (aparente, material, densa, cambiante y perecedera) (vean la gráfica en capitulo anterior)

Toda esta situación genera unas preguntas existenciales. ¿Somos seres materiales limitados a las leyes del tiempo y la materia? ¿Somos seres espirituales con una manifestación material independiente de su origen? ¿Somos seres con las dos naturalezas manifestándose simultáneamente, donde predomina una u otra de momento a momento, dependiendo de muchos factores?

Lo que he aprendido de mis múltiples resbalones en la Escuela de la Vida, luego de repetir varias clases, me sugiere que la contestación afirmativa a la última pregunta es la más apropiada.

El problema reside en que el hombre mayormente está consciente de la relativa y se le hace difícil comprender la absoluta. Estas dos naturalezas están presentes en el ser humano en una interacción continuamente cambiante que permite el predominio de una u otra por la influencia de varios factores:

1. La capacidad de la persona para darse cuenta de la existencia de estas naturalezas (este es el paso más importante para poder pasar el examen final de la clase)

2. La capacidad de entender su origen

3. La capacidad de entender cómo interactúan

4. La capacidad de entender cómo estas influencian su visión de la vida (felicidad o sufrimiento)

5. La rotura en la comunicación de las dos naturalezas, la Torre de Babel de la humanidad, nuestra esquizofrenia cósmica

Estas capacidades dependen de la intercomunicación eficiente entre las dos naturalezas.

El problema principal es que los idiomas que estas naturalezas usan para tratar de comunicarse son incompatibles. La naturaleza relativa, al igual que el lado izquierdo del cerebro, usa la razón y las leyes científicas, mientras que la absoluta, al igual que el hemisferio derecho, usa la intuición y el amor como base de comunicación.

La falta de sincronización entre nuestros hemisferios cerebrales es el origen de nuestra esquizofrenia cósmica.

La naturaleza relativa es determinista y organizada. La absoluta es espontánea y probabilista. Esta separación, generada por la divergencia en lenguaje entre las dos naturalezas (hemisferios cerebrales), se parecería un poco a la que ocurrió durante la construcción de la Torre de Babel en el viejo testamento, que dio origen a todas las divergencias de razas y costumbres de la humanidad.

La única manera posible de restablecer la comunicación entre ambas es encontrando un lenguaje común. Esto se facilita por la oración y la meditación, que son los métodos tradicionales promulgados por todas las filosofías religiosas. Lo único que tiene la capacidad de coordinar este nuevo enlace es el lenguaje del amor que reside en nuestro corazón (hemisferio cerebral derecho).

Lo difícil de esta acción es conseguir que el lado racional del ser (hemisferio izquierdo cerebral o razón) se siente en la mesa de negociación a conversar con el lado espiritual (hemisferio derecho cerebral o corazón).

El problema es que la parte racional del ser, que mayormente es guiada por las leyes de la razón y la ciencia (que solo aplica al 5% de su realidad existencial), tiene temor a perder la hegemonía que por tanto tiempo ha mantenido. **Este conflicto existencial entre las dos naturalezas es el origen del sufrimiento de la humanidad a través de la historia.**

El hombre, al igual que el hijo pródigo, se separa de su verdadero origen y hogar (reino espiritual) al pedir voluntariamente su herencia material (libre albedrío, razón, vida temporal) y se dedica a vivir según lo guía su lado material en la vida del egoísmo y satisfacción individual.

Esta experiencia, inicialmente agradable, va degenerando a la progresiva insatisfacción e infelicidad que el tiempo, el envejecimiento y la soledad existencial crean en el ser para luego comprender finalmente que la verdadera felicidad la había tenido siempre en la casa de su padre (el reino del espíritu y el amor).

Es entonces que, en sus momentos más tristes, el hijo del hombre reconoce finalmente su verdadero origen, escucha su lado trascendental (corazón) y decide volver a su verdadero hogar. Para su sorpresa, ¡el símbolo del amor representado en el perdón de su padre lo recibe con alegría y celebra su retorno, **ya que el hijo del hombre que había salido de su casa** vuelve renovado como el hijo de Dios, el Cristo o el Buda que reside potencialmente en cada uno de nosotros!

Nos queda preguntar, ¿qué hubiera pasado si el hijo pródigo no experimentara, bajo su libre albedrío, la experiencia de la creación? ¿No hubiera sido más fácil para el padre, en su sabiduría y para evitarle a su hijo la experiencia de sufrimiento, darle una cantaleta de lo que le iba a pasar pensando que el hijo no pudiera tolerarla? ¿No es eso lo que la mayoría de los padres hubiéramos hecho?

De esta experiencia de aparente sufrimiento es que nace la empatía y compasión que convierte al hijo del hombre en el hijo de Dios.

¿No sería esta la única forma de derramar la verdadera herencia de su padre (amor) sobre el universo en donde él sería como un espejo de amor y en donde el prójimo se vería a si mismo reflejado en él? (Esta frase es como un combo agrandado de su *fast food* favorito. ¡Cuidado no se les dé una indigestión mental!)

La cocreación: una visión amorosa y responsable del universo

¿De dónde se origina lo perceptible (tangible) de nuestro universo? ¿Se desarrolla independientemente de nuestra capacidad de percepción por leyes o fuerzas predeterminadas, o está influenciada por la visión individual subjetiva del ser humano? Esta pregunta ha fomentado el desarrollo de infinitas explicaciones esbozadas por muchas escuelas filosóficas. Trataré de exponer una síntesis de lo que obtuve en mi contacto con varias filosofías.

La posición determinista que se basa en las leyes científicas comprobadas tiende a afirmar que todo lo existente ocurre independiente de la percepción del ser humano según la materia y la energía se interrelacionan, además de que solo existe lo que se pudo comprobar por el método científico.

El problema de esta posición es que los nuevos descubrimientos continuamente rinden inservibles muchas leyes científicas del pasado, creando un incesante cambio en nuestro concepto del mundo material previo. Así, la ley científica del ayer se convierte en la mentira del mañana.

La ciencia de la nueva física cuántica, de la teoría de la relatividad, la teoría de las múltiples dimensiones y la matemática teórica analítica cuestiona esta visión científica determinista. Nos sugiere que el tiempo es un fenómeno relativo y que lo que ocurre en el mundo material está íntimamente afectado por el observador. También, nos dice que podemos teorizar la presencia de múltiples dimensiones invisibles adicionales a las tres que rigen nuestro universo visible.

Pero, ¿cómo es que los componentes más elementales del universo se agrupan en organizaciones cada vez más complejas, hasta manifestarse en el mundo visible material?

¿Por qué la ciencia, según estudia el microcosmos

(el mundo de lo diminuto e invisible) y el macrocosmos (el mundo visible), encuentra que no parece tener principio ni fin, y que las leyes científicas que rigen su orden parecen cambiar continuamente?

Un ejemplo de esto en el microcosmos es el infinito tipo y cantidad de partículas subatómicas que conocen después de descubrir la estructura básica del átomo, que inicialmente se describió limitada a protones, neutrones y electrones.

Una posible teoría es la que sugiere la física cuántica, donde la influencia subjetiva del observador (sujeto) sobre los componentes elementales del universo invisible (objeto) afecta la manera en que se comportan y se manifiestan en el universo. Según esta teoría, la naturaleza primordial (¿antimateria?) del universo existe en un estado potencial en donde residen todas las posibilidades infinitas de su manifestación y que depende de cómo el observador las organice.

Es como si nuestra comprensión del universo fuera

como un cuento sin principio y sin final, en donde el lector va creando la trama según va leyéndolo. Es como si el acto de la creación fuera más bien un acto de facilitación, en donde el amor (divinidad) es el facilitador y la mente del hombre con su libre albedrío es el creador.

Lo importante en este tipo de libro es que, dependiendo del libre albedrío y de la visión del lector sobre su naturaleza, la trama estará llena de felicidad o sufrimiento. Esto lo determina la prevalencia de la visión individualista (egoísta) del hemisferio cerebral izquierdo, o la visión interdependiente (amorosa, solidaria) del hemisferio cerebral derecho. Podríamos también decir que depende del predominio de la razón (cerebro) versus el amor (corazón, intuición). ¡Aquí hay mucha tela para cortar!

El universo que conocemos podría visualizarse entonces como una colección de hábitos o visiones concordantes que, basado en la probabilidad de que ocurrieran en un espacio determinado de tiempo y de la concordancia de la observación de un grupo de individuos, se convierten en paradigmas aceptables a estos grupos.

Mientras más repetidamente estos paradigmas concuerdan en la observación, más real o verdadera se hacen para los observadores.

Es como si fuéramos organizando el infinito potencial de la matriz primordial (amor) según nuestra visión subjetiva, y después nos apegamos a ella como si fuera una realidad absoluta, que luego transmitiremos a otros hasta convencerlos también. ¡Como locos guiando a otros locos o ciegos guiando a otros ciegos!

Cuando se usan los métodos científicos y se controla la subjetividad de las ocurrencias observadas, la ciencia le llama leyes científicas.

Estas leyes son como retratos que congelan en el tiempo la constante creatividad de la naturaleza primordial del universo, el amor. Luego, la mente los redistribuye en una continuidad ficticia (editada), como una película editada de tres horas a una de una hora, creada por la subjetividad temporal de la mente. En ese corte editado se pierde mucha de la experiencia y esencia importantes de la película.

Lo mismo ocurre en el desarrollo de las leyes que regulan el estilo sociocultural de los diferentes países y razas, basadas en sus experiencias grupales e individuales. Solo fíjense en las diferencias en lo que las diferentes razas consideran comidas suculentas y verán lo que quiero decir.

Si volvemos a las preguntas originales, tendríamos que confirmar que somos seres con las dos naturalezas manifestándose simultáneamente, en donde predomina una u otra de momento a momento, dependiendo de muchos factores.

Me parece que después de la discusión previa, podríamos concluir que el tiempo es relativo, que la manifestación minoritaria perceptible (5%) es creada artificialmente por la mente del observador, y que la disolución de esta (la muerte) en el tiempo relativo de lo visible no afecta el potencial creativo de la naturaleza imperceptible (95%). También, vemos que la matriz infinita (lo trascendental, divinidad, amor) y su manifestación temporal (el universo material) están en una íntima interrelación de naturaleza cambiante. (*¡Dont worry be happy, life is but a dream!*) «La vida es un sueño» según Calderón «*of the boat*».

En otras palabras, el observador podría cambiar el universo a lo que él deseara con solo establecer una comunicación abierta y sin interferencias con su naturaleza primordial, guiado en su libre albedrío por el amor. ¿Sería esto un acto de lo que se llama «fe»?

Si esto es así, debemos aprender a disminuir la predominancia de la parte relativa y perecedera de nuestro ser, para permitir a la absoluta o trascendental participar dentro del proceso creativo de la mente y así modificar el individualismo y separatismo creado por el egoísmo. Así, se promueve la solidaridad que nace de la interdependencia de sentirnos familia, como verdaderos hijos de Dios.

¡Esto sería la manera más pura de manifestar el amor en el universo en un acto de cocreación y corresponsabilidad amorosa!

La mente relativa (ese 5%), que es la creadora del dualismo que nos separa de nuestra verdadera naturaleza, siempre está en una actividad desenfrenada para mantener la aparente realidad de nuestro universo material con todas las leyes y consecuencias del mismo.

De esa manera, la vida se convierte en un sinfín de contrastes que ella misma clasifica, según su percepción y experiencia individual, en buenos, malos o neutrales. Además, promueve la acción que atrae los buenos, aleja los malos y crea indiferencia por los neutros.

Esto genera un ciclo interminable de experiencias que son agradables cuando conseguimos los contrastes buenos y desagradables cuando no los conseguimos. Como la presencia relativa del tiempo genera un cambio inevitable en el universo, es imposible que el hombre evite los ciclos de las experiencias buenas junto a las malas. No existe un clima perfecto, no existe un manjar que no se pudra, no existe una cosecha que se de sin trabajo, no existe un metal que no se corroa, no existe una relación personal permanente y no existe un cuerpo que no envejezca y muera.

¡Aprendamos entonces todos a hacer de nuestra historia una de amor y solidaridad, que acabe en un final feliz para todos los personajes!

Preguntas de bono para subir la nota

1. ¿Cómo influye la intención de nuestro libre albedrío en nuestro rol dentro del libro o teatro de la vida? ¿Cómo podemos mejorar nuestro protagonismo en la obra?

2. ¿Es realmente libre el libre albedrío?

3. Busquen ejemplos de casos de esquizofrenia cósmica en sus vidas y las de otros.

4. Imaginemos ejemplos de cómo usar la cocreación y corresponsabilidad en nuestras vidas en el hogar, trabajo y en la política.

5. Revisa tu concepto de fe previo y estudia el que se menciona en este capítulo. ¿Por qué la fe no puede garantizar que tus deseos se manifiesten cuando tú los deseas? (Sugerencia: estudien la diferencia del tiempo relativo del hijo del hombre y del absoluto del hijo de Dios.)

6. ¿Cómo puedo aumentar las probabilidades de que algo que yo deseo ocurra? Sugerencia: estudien la intención y la suma de las creencias de los hijos del hombre en nuestra visión del universo.

Ejercicio de reflexión y meditación

Para reducir la predominancia de la parte relativa (racional) del ser, debemos aprender a apaciguarla. La técnica de apaciguar la mente es el objeto de la meditación llamada Shamata, en donde enfocamos la acción de la mente en una sola dirección.

Aunque las técnicas son muy variadas, las más usadas son enfocarse en objetos sagrados, una luz como la de una vela, rezar el rosario o cantar un mantra. En la tradición Budista tibetana se promueve el enfocar el pensamiento en el ciclo respiratorio, observando la entrada y salida del aire por la nariz mientras dejamos que el ciclo ocurra de una manera natural.

Practiquen contando los ciclos respiratorios que consisten en una inhalación y una exhalación, hasta un número de siete veces. En el momento en que la mente desvíe su pensamiento hacia otra cosa, deben reiniciar a contar el ciclo de siete respiraciones. ¡Se sorprenderán cuán rápido antes del séptimo ciclo la mente se desvía! De nuevo, busquen en dónde se encuentra el yo o la mente en su cuerpo.

EL NOMBRE DE DIOS ES TAN GRANDE QUE NO ME CABE EN LA BOCA

Glosario Capítulo IV

Piedra de Rosetta - Piedra encontrada en las excavaciones de la civilización egipcia antigua, que dio la clave para traducir los jeroglíficos.

LAS EXPERIENCIAS QUE NOS SEPARAN: EL ORIGEN DE LAS DISCREPANCIAS RELIGIOSAS

Para poder entender el origen de nuestras discrepancias, primero debemos revisar los factores que influencian la manera en que nuestras naturalezas duales se presentan y producen una manifestación de nuestra conciencia o manera de ver nuestro universo.

El predominio de una u otra manifestación de estas naturalezas en la conciencia de una persona depende de varios factores:

1. La capacidad de la persona para entender la existencia de estas. Debemos entender que existen por la evidencia científica, aunque no las percibamos todas.

2. La capacidad de entender su origen. Revisar el capítulo I.

3. La capacidad de entender cómo interactúan.

4. La capacidad de entender cómo estas influencian su visión de la vida (felicidad o sufrimiento).

Estas capacidades dependen de la intercomunicación eficiente entre las dos naturalezas que físicamente representamos como hemisferio derecho (espíritu-intuición-atemporal) y hemisferio izquierdo (materia-tiempo-razón).

Las primeras dos se pueden entender dentro del contexto de nuestro universo temporal, ya que, por medio de la razón y la ciencia, podemos inferir sus contestaciones. Si revisan lo escrito en los capítulos anteriores podríamos concluir que:

1. Nuestro universo y nuestros cuerpos se componen de dos formas de existir.

2. Una, regida por las leyes del tiempo y el conocimiento científico, es perceptible y demostrable por nuestros cinco sentidos y tiene un aparente principio (nacimiento) y fin (muerte). Científicamente, sabemos que es el 5% del universo potencial.

3. La otra, inferida por los hallazgos de la física cuántica y la teoría de relatividad, nos dice que el restante 95% del universo es invisible a nuestros cinco sentidos, y que es el componente elemental del universo invisible que da origen al visible. Se encuentra fuera de las reglas del tiempo, porque no tiene principio ni fin.

83

Por lo tanto, podríamos aceptar que tanto nosotros como el universo estamos hechos de un tapiz compuesto de dos tipos de hilos o filamentos (antimateria y materia), pero que nuestros sentidos solo pueden estar conscientes de uno de estos (materia).

Asumiendo que mi discusión previa los convenció sobre la existencia de ambas naturalezas, ¿cómo entonces podemos encontrar una forma de restablecer la comunicación entre ambas, y cuales serán las consecuencias de este reencuentro? Recordemos que los idiomas de cada una de estas no son compatibles, y que tenemos que encontrar la piedra de Rosetta que nos provea la clave para recordar nuestro idioma universal, perdido desde la Torre de Babel, para así poder comunicarnos con nuestra naturaleza imperceptible. Dejemos la discusión sobre este enigma comunicativo para más adelante, y entremos en los problemas de la comunicación existente en el universo visible de los cinco sentidos.

Problemas de comunicación en el mundo materia-tiempo: la batalla de los dos hemisferios cerebrales

Así como hay barreras virtuales entre el universo material y el inmaterial, las hay entre los miniuniversos creados por el individualismo de la mente del hombre.

Estas barreras, que son limitaciones creadas por los cinco sentidos sobre las experiencias y capacidades individuales, son las interferencias que crean discordia e infelicidad entre los seres humanos y entre los dos hemisferios cerebrales.

Esto lleva a visiones discrepantes sobre la realidad, influenciadas por la raza, situación socioeconómica, situación geográfica y religión.

Es lógico y obvio que las costumbres socioculturales y las leyes que rigen las diferentes naciones están subjetivamente influenciadas por las visiones que acabo de mencionar. Una de las más notables es la diferencia en los derechos humanos de la mujer dentro de las diferentes sociedades y religiones. Ya sabemos que las diferentes experiencias de crianza, educación y religión que aun ocurren dentro de los diferentes estratos económicos y raciales de un mismo país resultan en discrepancias significativas de estilos de vida.

«El nombre de Dios es tan grande que no me cabe en la boca» - cita modificada de la tradición cabalista hebrea

Estos problemas de comunicación entre los hombres amplifican su problema de comunicación con su origen trascendental, creando infinitas discrepancias en la visión religiosa de la humanidad. Desde joven, siempre me intrigaron los problemas creados por las divergentes visiones religiosas en cuanto a la naturaleza de Dios (la naturaleza trascendente), que inclusive, ha sido la principal razón de la mayoría de los conflictos bélicos de la historia.

Permítanme relatarles cómo mi interpretación de esta experiencia me ayudó a encontrar la salida a este atolladero. Asumamos, momentáneamente, que la mayoría estamos de acuerdo en que solo existe una realidad trascendental. Hagamos una comparación que nos ayude a entender de dónde surgen tantas divergencias, aunque sea un poco simplista en su exposición.

Comparemos a la naturaleza trascendental (Dios-amor) a una gran emisora de radio universal que tiene ciertas características:

1. Transmite 24 horas al día y 7 días a la semana desde el principio, sin origen.

2. Su poder de transmisión es infinito, ya que no tiene límites de espacio y tiempo.

3. Transmite su mensaje sin interferencias, ya que lo hace desde el otro lado de la barrera, donde no existe la dualidad de manifestaciones de las leyes materiales.

4. El mensaje en su esencia es el mismo: la manifestación más pura del amor. Se manifiesta con cualidades infinitas, perceptibles en el mundo terrenal y que brindan felicidad a todos los seres (compasión, sabiduría, tolerancia, entendimiento, flexibilidad, empatía, paciencia, etc.).

5. La transmisión tiene la flexibilidad de adaptarse a la capacidad de recepción del radio receptor.

Las interferencias del radio receptor - el origen del problema

Aunque el ser humano está hecho en la imagen y semejanza de la naturaleza trascendental, está limitado por las interferencias inherentes de su naturaleza material (cinco sentidos y su experiencia individual). Estas limitaciones del radio receptor son el origen de toda aparente divergencia de la visión del universo material.

Por estar limitado al tiempo y al mundo perceptible, el radio transmisor tiene unas limitaciones, que son:

1. No retransmite todo el tiempo.

2. Tiene el libre albedrío de prender su radio, sintonizar la estación correcta o de tenerlo apagado.

3. Muchos de nosotros no prendemos la radio, porque no estamos conscientes de la radio, y vivimos enajenados en nuestro mundo material. Otros, aunque prendemos la radio, solo buscamos estaciones que refuercen nuestro individualismo. ¡Nos gusta lo que refuerza vivir *la vida loca*!

4. Las limitaciones del mundo material limitan la pureza de la recepción (por la interferencia de los cinco sentidos, capacidad intelectual, situación socioeconómica, educación y conceptos religiosos).

Todo esto promueve que la individualidad (ego) de cada ser cree una visión tubular del mensaje original (parecemos caballos con gríngolas, guiados por el jinete de nuestros cinco sentidos).

«El nombre de Dios es tan grande que no me cabe en la boca»

Esta frase que adapté de las escrituras hebreas se origina del respeto que le tenían al nombre sagrado de Dios. De la enseñanza de la cábala hebrea, según su interpretación del viejo testamento, se me explicó que existían numerosos nombres para describir a Dios, debido a las muchas cualidades de su poder. Sin embargo, solo existía una forma escrita que daba origen a todos los otros nombres, la cual era impronunciable y un sacrilegio vocalizarla.

Al oír esto, inmediatamente increpé al maestro: «¿Cómo entonces podré referirme a esa manifestación de Dios, respetando la tradición hebrea?» Me contestó: «Solo tienes que referirte a Él como 'el cual su nombre es tan inmensamente grande, que no me cabe en la boca.'» Mi interpretación de esta frase tomó un giro menos literal, y es que refleja la complejidad e infinitud del concepto de la divinidad para el individuo en el mundo de los cinco sentidos.

Como el que percibe se rige por el tiempo y sus sentidos, no puede percibir la totalidad de la inmensidad de lo trascendental sin primero reducirlo (interpretarlo) a un tamaño entendible (masticable y digerible). Esta visión, aunque muy real en su experiencia individual, es influenciada por su experiencia de vida.

El ser humano, en su búsqueda de lo trascendental, cuando experimenta una señal de la gran radio transmisora no se da cuenta de que solo está recibiendo una parte muy limitada e individual de la transmisión (visión tubular). Aunque esta visión lo inspire y lo llene de felicidad y esperanza, es solo una parte de la inmensidad de la divinidad, y no necesariamente tiene que concordar con la de otros individuos que también sintonizan la gran radio transmisora universal.

El error de muchos hombres es que, en vez de pensar que el hombre está hecho a la imagen y semejanza de la divinidad, piensa erróneamente que Dios está hecho a la imagen y semejanza del hombre. Todos conocemos a algunos que se creen esto, ¿verdad?

La retransmisión incompleta y la amplificación del error original de interpretación en la comunicación

El ser, en su alegría al querer compartir este mensaje con otros, empieza a retransmitirlo con las interferencias (limitaciones de los cinco sentidos) suyas y las del que lo recibe. Al compartirlo con otros, este se distorsiona, al igual que cuando en un grupo se susurra un mensaje que, al llegar al último de la cadena, es irreconocible.

Muchos otros que también han interpretado el mensaje original a su manera (como dijo Frank Sinatra), encontrarán variadas discrepancias en su visión, iniciando así las primeras divergencias religiosas.

Los hombres, en la búsqueda de su origen, no se dan cuenta de que todos están recibiendo un mensaje muy individual y verdadero para cada uno. Olvidan que el prójimo también lo recibe según su naturaleza. Quizás la manera más fácil de conocer a Dios sería aprendiendo de todas las visiones individuales de todos los hombres, ya que el reino de Dios está en el corazón de todos los hombres.

Podríamos entonces postular que, para mejorar las relaciones y la experiencia de la vida que compartimos, tendríamos que mejorar la comunicación en todos los niveles simultáneos y entre todos los componentes que participan en ella.

Los problemas de la comunicación influenciarán varios niveles:

- La comunicación del hombre con lo trascendental (Dios)

- El hombre con sí mismo.

- El hombre con otros.

La calidad y pureza de la comunicación que ocurrirá entre los últimos dos niveles será directamente proporcional a la que el hombre llevará a cabo con lo trascendental.

Esto implica que la manera más apropiada de conocerse a sí mismo es conocer a la divinidad y ver cómo se manifiesta en su universo individual (ser). Luego, reconocer que esta también es parte de todos los otros hombres, y que los lleva a reconocer el verdadero vínculo solidario de la humanidad, creado por la herencia común del amor. El mandamiento bíblico, «Ama a tu prójimo como a ti mismo» (Mateo 22:39), nace de ese vínculo que genera automáticamente la ley de oro: «No hagas a otros lo que no te gusta que te hagan a ti», y la resultante:

«Así que en todo traten ustedes a los demás tal y como quieren que ellos los traten a ustedes» (Mateo 7:12).

Esta interacción entre las dos naturalezas ocurre constantemente, ya que la gran estación siempre está transmitiendo, pero su influencia depende del libre albedrío del hombre a sintonizarse o no y de cuál estación prefiere. (¿Entienden ahora cómo nos buscamos el «fuete» masoquista del egoísmo?)

No podemos entonces achacar o responsabilizar a otros o a la intervención de la divinidad por el sufrimiento que hemos creado con nuestras acciones egoístas debido a nuestra ignorancia o la de otros.

El amor de la divinidad es como el de una madre universal (amor), que considera a todos los hijos de la creación como seres que ama por igual, y a los que les permite aprender de su experiencia a su propio ritmo, sin expectativas preconcebidas. El ser se engaña cuando cree que es un favorito de la gran madre del universo. Como dice la letra de la canción,

Divina ilusión

que yo forjé,

un sueño fue

que no se realizó.

Pero, ¿cómo podemos aprender a mirar el universo con los ojos del espíritu? La habilidad de equilibrar nuestras dos capacidades nos proveerá el mecanismo. La explicación de cómo llevaremos a cabo las siguientes acciones será el tema del próximo capítulo.

1. La capacidad de entender cómo interactúan.

2. La capacidad de entender cómo estas influencian su visión de la vida - felicidad o sufrimiento. (¡Este es el capítulo que parecerá una telenovela trágica mejicana!)

Preguntas de bono para subir la nota

1. ¿Existe una religión que nos comunique en su totalidad la naturaleza de Dios (amor)?

96

2. ¿Por qué la historia está llena de conflictos bélicos relacionados a las religiones?

3. ¿Cómo puede el *ser* mejorar su comunicación con otros seres?

4. ¿Cómo puede mejorar su comunicación con Dios?

5. Busquemos el fundamento del perdón revisando los últimos capítulos. ¿Cuál es el fundamento principal de toda acción egoísta del *ser*?

Ejercicio de reflexión y meditación

Además de repetir el ejercicio del capítulo anterior, dediquemos nuestro día a observar minuciosamente nuestra interacción con nuestro entorno. Observemos nuestras rutinas diarias, tales como aseo personal, el vestirnos (¿cuál zapato usted se pone primero?, ¿cuál manga usted introduce primero?) Note su rutina de desayuno. Observe su ciclo respiratorio, y note la diferencia en ritmo y en temperatura entre la inhalación y exhalación. Durante todo su ritual, observe qué está haciendo su mente.

Trate de masticar su comida por lo menos veinte veces, y esté consciente de los sabores. Evite temas controversiales y discusiones durante sus comidas. ¿Está su mente divagando en otro lugar o acción? Practique el llevarla a la acción que está en el presente.

Observe bien su interacción con sus colegas en el trabajo, y trate de deducir cómo ellos se sienten: ¿están tristes o alegres? Note cómo se siente emocionalmente en cuanto a cada uno de ellos. ¿Por qué algunos le caen bien (simpatizan) mejor que otros? ¿Qué factores lo llevaron a llegar a esa conclusión?

La próxima vez que se sienta molesto por una acción o comentario de un colega, cuestione si su intención era molestarlo o si podrías haber interpretado mal la acción. Si tiene una experiencia desagradable de este tipo, después de calmarse, déjele saber que usted se sintió injuriado por esa acción sin implicar algo o criticarlo. Observe su reacción.

Al salir de su casa, sonríase hasta con su sombra y observe el efecto que tiene sobre los demás. ¡Por favor, no haga esto solo con el género que le interesa, aunque sea soltero! Antes de perder el control emocional, cuente hasta que se canse o sume números complejos en su mente. Esto activa la parte racional de su cerebro y le evitará muchos mal ratos. Relean todos los capítulos previos y aprendan a mirar el universo con los ojos del espíritu.

CUANDO EL SER APRENDE A MIRAR EL UNIVERSO CON LOS OJOS DEL ESPÍRITU (CORAZÓN) SOLO VE AMOR

Glosario Capítulo V

1. Interdependencia—El estado natural del universo, que refleja su naturaleza holográfica y donde todas sus partes están hilvanadas por los hilos del Amor. En este estado una acción o efecto sobre una de sus partes repercute sobre todo el universo. Representa la unidad y solidaridad de toda la creación (como en los tres Mosqueteros, «Uno para todos y todos para uno»).

EL REENCUENTRO DE NUESTRAS NATURALEZAS EN LA MESA DE NEGOCIACIÓN (EL CORAZÓN)

En el capítulo anterior, luego de establecer la existencia de nuestras dos naturalezas, la trascendental y la material, discutimos la manera en que podemos restablecer la comunicación entre ellas (la meditación).

En este capítulo nos enfocaremos en entender cómo interactúan, cómo se influencian la una a la otra, cómo se manifiestan en el universo y cómo influencian nuestra manera de mirar la vida con felicidad o sufrimiento.

¿Cómo podremos sentar estas naturalezas en la mesa de negociación (corazón) y conseguir que acepten una forma de interaccionar que redunde tanto en la felicidad del individuo como en la totalidad del universo, consiguiendo así una armonía de interdependencia entre ambas?

Ya discutimos cómo la parte material-tiempo del ser, dirigida por las limitaciones de los cinco sentidos, creó un estado de individualismo o egoísmo donde cada ser que vive en el tiempo se siente independiente de otros seres y de su entorno. Este estado lo describimos como una cárcel creada por la mente del hombre, en donde los barrotes están hechos con el metal del tiempo y el espacio (los cinco sentidos - ¡Mi cerebro derecho en acción poética!).

Además, discutimos cómo el tiempo crea la ilusión de nacimiento y muerte, dando prioridad al aspecto de la naturaleza material del ser, generando así la ansiedad de aprovechar la existencia de una manera eficiente y placentera en el menor tiempo posible. Mencionamos también que todos los seres concuerdan en la búsqueda de la felicidad individual, pero que, por sus diferentes visiones individuales, discrepan sobre cómo conseguir la misma. Por eso es que los polos opuestos se atraen.

El problema creado por esta visión nace del individualismo e independencia aparente de los hombres, que les promueve su también aparente libre albedrío. Esto genera acciones que crean felicidad en unos pero sufrimiento a otros. La historia está llena de ejemplos de cómo esto ocurre desde el principio de la vida en este planeta, y aún siguen ocurriendo con la explotación del hombre y de la naturaleza por el hombre.

Restableciendo nuestra comunicación sentados en la mesa de negociación

Al principio, mencionamos que el problema era la discrepancia de idiomas entre las dos naturalezas, creada por la barrera del tiempo, y que tendríamos que encontrar una clave que uniera los idiomas o un pasadizo o brecha que nos permitiera unir ambos mundos.

Si recordamos, fue el pensamiento de la mente del hombre el que creó la barrera del tiempo cuando dividió los dos mundos. **Entonces, la clave para armonizar la aparente discrepancia podría estar en el pensamiento.**

Desde el principio de la búsqueda del origen del hombre y el establecimiento de los diferentes conceptos religiosos de la divinidad creadora, las vías de comunicación se establecieron a veces por medio de terceras personas (mensajeros) o por procesos sobrenaturales. Sin embargo, la forma más común de establecer la comunicación siempre fue la oración y la meditación.

El problema con la oración es que, por la limitación de su propia naturaleza, el hombre la establece en una sola dirección, mayormente hacia la divinidad, creando esto una inevitable interferencia en la comunicación. Por definición, en la comunicación de cualquier tipo se inicia un proceso de enviar un mensaje y luego el iniciador cesa su actividad para ver si recibe una respuesta.

¡No puede haber comunicación real entre dos partes si no recibimos confirmación o reacción a nuestro envío, para establecer una comunicación bidireccional!

Si lo anterior es cierto, la única solución al enigma de nuestra esquizofrenia cósmica es aceptar primeramente la presencia de nuestro origen trascendental. Luego, hay que restablecer la comunicación (conexión) con el mismo y sentarnos en la mesa de negociación (corazón).

Cuando el *ser* llega a romper la barrera ilusoria del individualismo y mira a través de los ojos del espíritu, entonces tiene una visión más amplia del universo. Es como el que mira su valle después de subir a la montaña más alta de su región. Cuando el ser mira el universo con los ojos del espíritu, solo encuentra amor.

De esta fuerza del amor nace el verdadero libre albedrío del hombre en su viaje por el mundo del tiempo y la materia (espacio), que lo hace corresponsable de sus acciones y las consecuencias de las mismas durante su visita. Al igual que en el mundo de la materia y energía, según las leyes de Newton, toda acción conlleva una reacción similar y proporcional a la inicial para poder conservar el equilibrio del universo.

Por lo tanto, toda acción que ocurre en el universo es interdependiente (repercute sobre todas las partes), incluyendo las que hace el hombre. Y de estas observaciones vemos la lógica en la ley de oro, nuevamente: «No hagas a otros lo que no quieras que te hagan a ti». También, el hombre está limitado en su naturaleza material para entender claramente su universo, debido a las interferencias creadas por las limitaciones de los cinco sentidos y su experiencia individual de acuerdo a su crianza, educación, nivel social, visión religiosa y raza.

Se discutió que aquellos hombres que, al experimentar alguna forma de intercomunicación con su naturaleza trascendental (la gran emisora de radio universal) tienen interferencias individuales, perciben una visión válida pero muy limitada de la realidad trascendental que puede crear discrepancias de la concepción de la divinidad.

Esta realización nos debería unir y ayudarnos a escuchar, aprender y tener tolerancia de las infinitas maneras en que los hombres perciben la naturaleza de Dios.

La mayoría de las oraciones religiosas son del tipo unidireccional que previamente mencionamos, parecidas al sonido que ocurre cuando cae un árbol en un bosque solitario. Si no escuchamos al final de la oración, parecerá que cae en oídos sordos.

El propósito de la meditación como parte final de la oración es establecer receptividad y sintonizar la estación más correcta y que tenga menos interferencias. Dependiendo de la filosofía religiosa, existen varias técnicas de meditación, pero todas concuerdan en tratar de pacificar la actividad del pensamiento y establecer un estado mental de máxima relajación y armonía. Investigaciones modernas han demostrado que ese estado mental altera las ondas cerebrales, además de múltiples aspectos de la fisiología humana.

Por lo tanto, la llave para salir de la prisión creada por nuestras mentes es la pacificación de la actividad mental por medio de la meditación. La meditación es la piedra de Rosetta, que nos permite intercomunicar abiertamente nuestras dos naturalezas (hemisferios cerebrales) bajo un lenguaje universal: el amor.

Visualicen que la barrera virtual que divide nuestras dos naturalezas está creada por el continuo chachareo de la mente (ego), en su esfuerzo por mantener los castillos de arena que el mar del tiempo les destruye repetidamente.

Para encontrar las brechas en esta barrera tenemos que bajar la actividad de la energía que la crea, que es el pensamiento, hasta que este cese por unos instantes, permitiéndonos encontrar pasadizos que nos dan un atisbo de lo que hay al otro lado. Los grandes maestros de todas las filosofías religiosas lograban, en sus estados meditativos, destruir la barrera, creando una unión armoniosa de los dos mundos.

Estos grandes seres aprendieron a mirar el universo y a los hombres con los ojos del espíritu, reflejando amor sobre toda la creación.

Podríamos concluir al final de este capítulo que la interacción entre nuestras dos naturalezas es de tal manera que lo trascendental, que existe fuera del tiempo, da origen a lo material que vive influenciado por el tiempo.

Pero, el ser y su individualidad (ego), en la mayoría de los casos, no está consciente de su verdadero origen, dando inicio a una aparente desconexión entre ambas naturalezas (esquizofrenia cósmica) originada en el tiempo y sus leyes, en el nacimiento y la muerte, que a su vez da paso al individualismo y al egoísmo. Esto finalmente lleva a los contrastes continuos de alegría y sufrimiento en su vida (la prisión creada por sus cinco sentidos).

Luego que el ser reconoce su origen y se sienta en la mesa de negociación y saca la llave de la meditación para liberarse de la cárcel que creó con su propia mente, se encuentra mirándose a sí mismo con los ojos de espíritu, y solo encuentra amor en la creación. Como dije en mi poema al principio, «Esta nueva visión que nace de nuestro propio corazón y de todos los seres de este universo, aleja de nuestro ser todo vestigio de sufrimiento cuando comprendemos que la felicidad siempre ha estado con nosotros en este sendero sin principio ni final».

PREGUNTAS DE BONO PARA SUBIR LA NOTA

Busque ejemplos en su vida de los diferentes tipos de interferencias que rompen la comunicación de nuestras dos naturalezas.

1. Explique la diferencia en los tipos de comunicación entre la oración y la meditación.

2. Explique cómo es que la esquizofrenia cósmica puede llevarlo a la depresión, ansiedad y coraje. Identifique los factores precipitantes en su vida que provocan su aparición.

3. Profundice en el concepto de la vida como una cárcel creada por nuestra propia mente. Estudie sus preferencias, hábitos y costumbres, y vea cuáles lo ayudan a convivir en armonía y paz con usted y con otros seres y cuáles le entorpecen vivir en solidaridad.

4. ¿Por qué asumir que podemos equivocarnos en toda interpretación de nuestro intercambio con otros podría ayudarnos a vivir más felizmente?

EJERCICIO DE MEDITACIÓN Y REFLEXIÓN

Después de revisar nuestras prácticas anteriores, hoy haremos uso de la imaginación y visualización. Estas son otras formas de enfocar la mente, parecidas a la de la respiración, pero tienen unos efectos subliminales en nuestro estado mental. Dependiendo de sus creencias personales sobre la divinidad, podrán hacer uso de figuras o símbolos religiosos de acuerdo a las mismas. Por ejemplo, un cristiano podrá usar figuras cristianas, un practicante de filosofías orientales usará las suyas y uno que vea la divinidad de manera más impersonal lo hará con símbolos de luz, color, etcétera.

Después de calmar la mente por medio de los ejercicios de respiración, proyectemos esa figura divina en nuestras mentes en colores vivos y de forma tridimensional, al frente y un poco más alta de nuestra línea ocular, y visualicemos que de la misma emanan infinitos rayos de luz multicolor que llegan a nuestro corazón en forma de bendiciones de todas las cualidades de amor. Sientan cómo calman nuestras alteraciones emocionales tales como el coraje, odio, tristeza, resentimientos, culpa, etc.

Un colorido baño de amor

Sentados en una posición cómoda, con nuestra espalda vertical y nuestra cabeza erguida, visualicemos una fuente de fuerza o energía espiritual que nos haga sentir protegido. Por ejemplo, la figura del Sagrado Corazón de Jesús, de apariencia joven, sonriente y de pie, con sus brazos abiertos y emanando rayos de luz multicolor desde el centro de su corazón hacia el nuestro, en el cual existe una pequeña semilla.

Entendamos el significado del ejercicio. Jesús representa la manifestación humana del Espíritu Santo, que es la fuerza del amor que nos dejó Dios después de partir su hijo. Los rayos multicolores representan las infinitas maneras en que se puede manifestar el amor entre nosotros. La semilla en nuestro corazón representa la forma latente en que reside en el hombre ese amor.

Según esos rayos de luz llenan nuestro corazón, sintámonos amados y protegidos por el amor de Dios, y observemos como la pequeña semilla empieza a abrirse y a su vez emana los múltiples colores del amor hacia todas partes. Inicialmente, imaginemos que esos colores nos dan un baño de amor y van a todas las partes de nuestro cuerpo, especialmente aquellas donde hay algún malestar, y veamos cómo estas son pacificadas y sanadas.

Luego que la alegría y el bienestar nos llenan, vamos a compartir con todos los seres humanos, especialmente con aquellos que nos han lastimado por su ignorancia del amor.

Visualicemos que desde nuestro corazón parten rayos multicolores hacia todos los seres humanos sin distinción, incluyendo a los que ya han partido del mundo, y a aquellos que en nuestra forma de pensar trajeron sufrimiento a nuestras vidas. Dediquémosle unos minutos a esta acción, y luego descansemos nuestra mente en el silencio por unos minutos adicionales.

Acabemos dando gracias por esta oportunidad. Hagamos este ejercicio todos los días al levantarnos y acostarnos.

Al final, para mantener nuestra mente en un estado de tranquilidad, imaginemos que nuestros pensamientos son como nubes en el cielo, y que nuestro estado de paz natural es como el azul del cielo. Dejemos pasar nuestros pensamientos como si fueran nubes, sin seguirlos, y concentrémonos en el azul del cielo, nuestro estado natural.

LA MELODÍA CÓSMICA DEL SILENCIO

El silencio busca llenar el vacío del alma sedienta de amor, que no satisface la cháchara efímera del ego con su esplendor, pero el alma ya ha olvidado cómo escuchar su majestuosa tranquilidad.

¿Cómo podré despertar el recuerdo de su melodía? Ya sé que no podrá ser subiendo el volumen de las notas discordantes de mi vida mundana. Ni reviviendo los recuerdos de las experiencias frívolas, que avivaban aún más el insaciable apetito por las infernales pasiones que ensordecían mis sentidos sonoros.

¿Cómo podré, entonces, atenuar el ensordecedor escándalo de las voces acusadoras que castigan mi corazón?

Solo aceptando que todos mis deslices fueron cometidos por la inocencia estipulada en mi linaje, por la ignorancia de la intención.

Según el gran maestro Jesús nos aclaró en su última frase, "Perdónalos, porque no saben lo que hacen" (Lucas 23:34)

Entonces, finalmente, mi corazón se pacifica, al entender que al perdonarme todas mis faltas y las que otros habían cometido en contra mía, residía la solución a la paradoja.

Y de momento, un estruendoso vacío llena cada rincón de mi universo, despertando mi corazón a la melodía cósmica del silencio.

LOS MUNDOS PARALELOS CREADOS POR NUESTRA MENTE

LOS CIEGOS DE ESPÍRITU NUNCA ENCUENTRAN EL AMOR

Cuando aplicamos la ley de oro a la intercomunicación entre los hombres, dejamos que el amor guíe nuestras mentes.

Ya mencionamos cómo la experiencia individual de cada persona, según su bagaje genético, sociocultural y los hábitos o costumbres que resultan de la misma, crea infinitas maneras de ver nuestro mundo. También hablamos sobre cómo estas percepciones provocan la concordancia o discrepancia de vivir que establecemos para regir nuestras vidas en armonía o discordia. Además, debemos recordar que «La búsqueda de la

119

felicidad es de las pocas acciones en que los seres humanos tienen concordancia absoluta, aunque no estemos de acuerdo en qué es y cómo encontrarla.» Irónicamente, de esta discrepancia en la búsqueda de la felicidad nace gran parte del sufrimiento de la humanidad.

Podríamos decir que, de las infinitas, individuales y divergentes maneras de mirar la vida, el hombre va creando mundos mentales paralelos. Estos mundos lo aíslan cada vez más en su ya existente vacío u soledad existencial. Por eso menciono en mi poema que la soledad «... existe aún entre la muchedumbre y el bullicio». Y en otro capítulo, explico que esta soledad existencial no es más que la cárcel creada en la mente con los barrotes del tiempo.

La congregación de individuos en grupos y los grupos en organizaciones sociales más complejas llevó al desarrollo de las civilizaciones que nutren nuestra historia. Sin entrar en la complejidad de la relación del individuo dentro de los sistemas socioeconómicos y políticos que han regido la historia del hombre, me gustaría limitar esta discusión a la interrelación inmediata del individuo con las otras personas que forman parte de su entorno social, como por ejemplo, su rol en la familia, trabajo y actividad religiosa.

En la comunicación en nuestro diario vivir el hombre no se da cuenta de que existe una paradoja entre lo que piensa, lo que dice y lo que quiere decir, pues no siempre concuerdan. Otra discordancia es la que existe entre lo que oye, lo que el otro dijo, y la interpretación de lo que oyó. Proverbios 10:19 lo expresó más elegantemente al decir, «El que mucho habla, mucho yerra; el que es sabio refrena su lengua.»

Si esto es un hecho comprobado, ¿de qué podemos estar seguros en nuestra interpretación de lo que observamos? También hay que tomar en cuenta que los mensajes de nuestra comunicación no verbal, y que la ciencia nos dice que solo el 7 % de la comprensión se basa en las palabras que utilizamos, el 13 % se basa en la voz, la expresión, la entonación, etc., y el 80 % en el lenguaje corporal. ¡Por eso, a modo de broma, digo que para parar la incesante palabrería de un latino solamente tenemos que amarrarle las manos!

¿Qué podemos hacer para mejorar nuestra comunicación? La meta final es eliminar todas las interferencias. Luego en el libro enfatizaremos las técnicas de meditación para disminuir las interferencias.

Lo primero es establecer una conversación bidireccional con nuestra realidad trascendente (Dios, espíritu etc.) que implica usar:

1. La oración – Hablar de parte de nosotros a Dios.

2. La meditación – Escuchar de parte de ellos y de Dios a nosotros (hay personas que nunca tienen tiempo o están muy ocupadas para escuchar).

Esta conexión con la divinidad va cambiando lentamente la manera en que miramos el mundo a través de los ojos del espíritu, eliminando todas las interferencias que el egoísmo ha creado con los cinco sentidos.

Veamos algunos impedimentos prácticos a nuestra buena intercomunicación en el diario vivir.

Las personas difíciles en nuestra vida: los mal amados, los que no saben lo que hacen o los ciegos de espíritu

Aunque las personas difíciles se manifiestan en un sinnúmero de variedades, todas tienen un fundamento en común: su autoestima es muy pobre, con poca tolerancia hacia la crítica y poca introspección sobre cómo sus acciones afectan a los demás.

Ellos, los egoístas, son como cojos espirituales, que usan otros seres como muletas para caminar por el sendero de la vida. Y son los ciegos de espíritu que nunca encuentran el amor, porque no se aman ni se dejan amar.

¡Estos son los que no fueron amados durante su crianza y nunca aprendieron a amar! Los que llamaré «mal amados». Las frases «yo las canto claras», «eso está en mis genes», «el que me quiera tiene que aceptarme así», son algunas frases que frecuentemente oímos de ellos.

La falta de autoestima los emplaza en una situación defensiva y en alerta constante, y como no ven nada que les agrada dentro de sí mismos, viven en una continua crítica de lo que ven a su alrededor y de las personas con las que se relacionan.

La falta de introspección los hace intolerantes, perfeccionistas y exigentes hasta un grado de perfección irreal que nunca les permite estar satisfechos con las acciones de otros ni las de ellos mismos. A los difíciles les gusta mantenerse a la ofensiva usando la crítica, la agresividad verbal y el sarcasmo como método de mantener intimidados a los que comparten con ellos.

Podríamos resumir que a los difíciles les gusta vivir en fuertes amurallados por la ignorancia de su realidad trascendental, que no los deja disfrutar del poder del amor que olvidaron que tenían y ahora no reconocen. Esta ignorancia los lleva al miedo y al coraje cuando no pueden controlar el mundo a su alrededor.

¿Cómo lidiar con estos seres?

- Primero, saber que no tienen poder sobre ti, excepto el que tú les asignas.

- Segundo, entender que son seres débiles con pobre autoestima que no se sienten amados ni saben amar.

Te atacan preventivamente para esconder su debilidad ya que sienten que no valen nada y quieren bajarte a su nivel (¡usan la misma táctica preventiva de muchas naciones poderosas!).

Si persisten en sus acciones ante tus esfuerzos de amarlos, como lo más que les duele es que los ignoren, ignóralos y sigue tu camino para que se queden solos jugando dentro de sus propios desechos fecales (¡mi editora no me dejó poner el sinónimo!).

Este patrón de conducta de los difíciles (mal amados) muchas veces se origina en la programación que recibieron de su familia y sus relaciones personales. De ahí salen muchos mensajes poderosamente sugestivos, que subliminalmente se convierten en verdades para su personalidad.

Permítanme darles un ejemplo de mi propia crianza.

Por muchos años se me sugirió que era muy torpe manualmente, ya que tenía la tendencia de romper mis juguetes y se me hizo difícil aprender a hacer los nudos de mis zapatos (¡no sabían ellos que era una buena excusa para que me los amarraran!). Pasaron los años, y al llegar a la mitad de mi educación médica, me sentí muy atraído por las ramas quirúrgicas, pero había mucha inseguridad de mi parte en tomar este rumbo. Esto tuvo su resolución cuando, rotando por las clínicas de siquiatría, estaba mi grupo practicando ejercicios manuales que se usaban para medir destrezas manuales en niños.

Para mi sorpresa, ese día yo fui el más rápido en llevarlos a cabo. Todavía recuerdo las palabras de la psicóloga: «Sr. Figueroa, ¿no ha considerado usted dedicarse a la cirugía, ya que sus habilidades son superiores?» Esto fue suficiente para cuestionar mis temores infundados y dirigirme a una carrera muy exitosa en el campo de la cirugía pediátrica. ¿No sería esta persona un ángel o un mensajero del amor en mi vida?

Continuando después del ejemplo, esta ignorancia de su propio potencial lleva a los mal amados al miedo y al coraje cuando no pueden controlar el mundo a su alrededor a su gusto. Ellos, al igual que los tantos que condenaron a Jesús a morir en la cruz, eran los ciegos de espíritu que no pudieron entender el mensaje de amor que él les llevó.

De ese hecho nace la frase más amorosa pronunciada por Jesús en la biblia, la cual he repetido en varias ocasiones en este libro: «Perdónalos, porque no saben lo que hacen» (Lucas 23:34). Mirarlos con los ojos del espíritu le permitió a Jesús reconocer en ellos el amor que ignoraban, pero que residía en ellos y que los hacía hermanos espirituales de Jesús e hijos del mismo Padre-Madre.

Los grandes sabios de muchas de las tradiciones orientales enseñaron a sus discípulos que estos seres difíciles se convertían a veces en nuestros mejores maestros, ya que podían poner a prueba nuestra capacidad de amar, tolerar y perdonar.

A veces, los retos en nuestra vida son los eventos que estimulan nuestro éxito. Aunque siempre fui un estudiante sobresaliente en mis estudios de escuela superior, nunca fui uno conocido por mi pulcro comportamiento.

En mi clase de química de tercer año tuve la mala suerte de estar en un grupo de cuatro varones igualmente revoltosos, lo que nos consiguió la enemistad de nuestra maestra, especialmente al calificar nuestros trabajos, y que me llevó a tener por primera vez una *C* en una clase (¿me lo podrán creer?).

A mitad del último semestre, nos ofrecieron un examen de aptitud y aprovechamiento nacional en el cual rompí la curva, pero en la dirección inferior. Para colmo, la maestra, al darme la nota al frente de toda la clase, dijo: «Sr. Figueroa, no sé lo que usted va estudiar, pero yo le recomiendo no sea nada que tenga que ver con las ciencias». ¿Pueden ustedes imaginarse cómo me sentí?

Interesantemente, lo acepté como un reto al que arremetí con toda mi energía. Cabe decir que desde ese momento en adelante saque *A* en todos mis exámenes y que acabé con un promedio de *B+* en el curso (la maestra no me quiso dar la *A*).

En adición, durante una participación en un campamento científico de verano para estudiantes de una universidad local, volví a coger el mismo examen en el cual había fracasado, y resultó que obtuve la calificación más alta del grupo. Para acabar la historia, mi promedio en todas la químicas que estudie en premédica fue *A*. ¡Si no me creen, les puedo enviar mi certificación de créditos!

Volviendo a los mal amados, no es fácil bregar con estos individuos problemáticos a menos que nuestra autoestima esté bien fortalecida por nuestra claridad de comunicación con lo trascendente (que estemos llenos de amor), ya que, si no lo estamos, nos sentiremos amenazados por todos los ardides y técnicas que usan para intimidarnos.

Todos nosotros tenemos un grado u otro de «difíciles» (¡pregúntenle a sus parejas si no me creen!), que tiende a manifestarse en situaciones de mucha presión emocional, pero que usualmente controlamos en las situaciones rutinarias de nuestro diario vivir. El niño temeroso o malcriado que todos tenemos dentro aflora rápidamente en estas situaciones difíciles.

Y mientras la meditación consigue influenciar nuestra manera de mirar la vida, ¿qué mecanismos podemos usar a corto plazo para mejorar nuestra comunicación?

El plan de acción

Lo primero es pensar bien el estado mental en que nos encontramos al iniciar un intercambio (estado alerta de presencia mental). ¿Empieza este en un estado de miedo, coraje, o egoísmo de alguna de las partes?

Es importante saber que los estados emocionales negativos empeoran la interferencia del acto comunicativo, creando una estática que ensordece la transmisión. Por eso es importante posponer el diálogo hasta el momento en que se hayan apaciguado estos sentimientos. Este estado de alerta o toma de consciencia es una de las metas de la práctica de la meditación.

En segundo lugar, debemos estar conscientes de nuestra subjetividad y de las infinitas formas en que interpretamos nuestro mundo. La frase «conócete a ti mismo primero», que se originó con la filosofía antigua griega, debe sentar la tónica de nuestra acción comunicativa. ¿Cuál es nuestra experiencia previa y nuestra opinión sobre la persona involucrada? ¿Cómo nos influencia nuestra experiencia durante la niñez con situaciones similares? (Estas se quedan como grabaciones o programas obsoletos en nuestro software psicológico.)

Si tuvimos experiencias negativas con esta persona, nuestra reacción puede ya estar prejuiciada por esa experiencia previa, sin haber validez en la acción del presente. ¿Cuáles son las debilidades de nuestra personalidad que podrían sensibilizarnos en ciertas situaciones? Por ejemplo, si la persona nos recuerda la experiencia con una figura autoritaria de nuestro pasado, podríamos reaccionar a esta memoria y no al individuo del presente. Esta es la manera en que se programan instintivamente muchas de nuestras acciones espontáneas.

El hombre, como los animales, (aunque a veces no se acepte como tal) puede ser entrenado a responder a muchas situaciones de una manera automática, sin estar en control consciente de su acción. La mayoría de las técnicas de publicidad y mercadeo hacen uso de sugestiones subliminales para promover el consumo de sus productos.

Las experiencias de nuestra vida continuamente nos demuestran que nuestra impresión inicial, buena o mala, de muchos seres, puede cambiar radicalmente cuando luego los conocemos más profundamente. Si esto es cierto, debemos evitar la tendencia natural de prejuzgar nuestra interpretación de los acercamientos de aquellos con los cuales ya tuvimos experiencias negativas.

La mejor manera de lidiar con personas difíciles es evitando nosotros representar ser un elemento amenazante para ellos, como cuando los descubrimos en acciones inapropiadas (errores) o les devolvemos la misma tónica en nuestra comunicación.

«No arrinconemos al gato que reside en cada ser, o atengámonos a las consecuencias», «no le echemos más leña al fuego». Lo único que logramos sacando sus trapos sucios a relucir es una reacción defensiva/agresiva inmediata o tardía, que a su vez nos genera sufrimiento a nosotros y a ellos.

Los hombres y mujeres difíciles responden al halago, a la demostración de paciencia, a la comunicación racional de cómo sus acciones afectan a los otros y a preguntas aclaratorias que ayuden a resolver el conflicto del momento. Pero, si aún no estamos listos para buscar la medalla de oro en la competencia olímpica con los difíciles, ¡es mejor sacarles el cuerpo y seguir entrenándonos con la meditación! Recuerden que solo hay dos mejillas para recibir la bofetada, no se queden para que les den hasta dentro del pelo.

La comunicación abierta: bidireccional

La comunicación abierta implica:

1. Atención visual y corporal - Sus ojos y cuerpo deben estar dirigidos a quien se dirige a usted. No miremos alrededor cuando conversemos.

2. Reflejar apertura con los gestos corporales - Evitar brazos y piernas cruzadas. ¡Mantenga una distancia razonable que no intimide la privacidad de la persona, especialmente cuando se acaloran las discusiones!

3. No prejuzgar por nuestros propios prejuicios - Debe evitar analizar, enjuiciar o modificar mentalmente el contenido de lo que oye, o sea, que debe aprender a escuchar. Toda cuestión aclaratoria se hará al final de la comunicación de la otra persona. Antes de rebatir un punto o criticar un contenido, haga preguntas aclaratorias de lo que percibió (que puede ser totalmente contrario a lo que el otro quiso decir). Las preguntas pueden ser como: «Me pareció

entender _____, ¿es correcta esta impresión?».
«Interpreto que su posición está a favor o en
contra de _____, ¿estoy en lo cierto?»

4. Si se siente emocionalmente afectado por la
exposición, sea paciente y piense en la
posibilidad de que la intención del otro no fue
esa, y que quizás podría estar equivocado en su
interpretación.

5. ¡Recuerde que solo utilizamos el 5% de la data
universal! (Revise el primer capitulo) Espere su
turno y aclare que se siente afectado
emocionalmente por su interpretación, y
permítale a la persona aclarar su intención.

6. Siempre use términos claros para expresar
cómo se ha sentido por la comunicación, y
nunca juzgue al iniciador como el responsable
de lo que se interpretó utilizando términos como
maleducado, insensible, mentiroso, machista,
ofensivo, etc. Estos términos cierran totalmente

las vías de comunicación al flujo racional y objetivo que debieran tener.

7. Mire con los ojos del espíritu - Cuando la otra parte esté perdiendo el control, mírelo como cuando un niño tiene una rabieta - no responda a su nivel, mantenga un tono bajo y cordial de voz, cese la intervención, pida excusas y sugiera que luego podrá seguir la comunicación.

8. Si ocurre algún comentario que le ofenda, no lo deje reprimido en el subconsciente, ya que solo se hace daño a sí mismo. «El coraje es el veneno que preparamos para el que nos ofende, pero nos lo tomamos nosotros,» (autor desconocido). Después de que la otra parte se calme, comunique cómo usted se sintió sin enjuiciar a la otra parte, y permítale aclarar su comunicación. Cuando la comunicación se rompe totalmente, una solución al problema es una comunicación escrita privada, dejándole saber a la persona su posición y cómo le afecta

esta brecha en la comunicación entre ambas partes. Si la persona es un ser querido, refuerce el cariño y la importancia que tiene para usted en su vida (¡no le dé una cantaleta, por favor!).

9. No arrinconemos al gato que reside en cada hombre si no queremos que nos pase como al perro que huye con el rabo entre las piernas (el que esté libre de pecado que tire la primera piedra). Recuerden cómo se ha sentido cuando cometió errores que se han dilucidado públicamente. Si practica lo que implica esta frase, la gama de personas que serán sus amigos será incontable. Esta es una de las formas más efectivas de practicar la tolerancia y el perdón en nuestras vidas. A nadie le gusta cometer errores, y especialmente que se hagan públicos. La frase «yo olvido, pero no perdono», es una de las razones de las roturas de amistades y de matrimonios más frecuentes en el mundo. Estas cicatrices emocionales que se quedan en la memoria de los supuestamente

injuriados evitan restablecer la comunicación abierta que existía en la relación, donde el amor ya no fluye libremente.

10.   La frase americana de *don't rub it in,* equivalente a, «no le echen más leña al fuego», es otra manera de exponer la actitud de no olvidar. En Puerto Rico se podría decir que el equivalente es, «te lo dije». (¿Recuerdan en sus vidas quién la usaba con frecuencia?) Algunas otras frases amenazantes y conocidas que crean esta sensación de acorralamiento son: «como me lo esperaba», «¿cuántas veces te lo tengo que decir?», «¿qué más se podría esperar de él?», etc. Por eso, no hagamos a otros lo que no queremos que nos hagan a nosotros (la ley de oro) y no arrinconemos a los gatos de nuestras vidas. Recuerden la canción de los Beatles: *Let it be, let it be.*

PREGUNTAS DE BONO PARA SUBIR LA NOTA

1. ¿Cómo podemos eliminar la sensación de soledad existencial de nuestras vidas?

2. Identifique los seres difíciles (cojos espirituales) que lo utilizan como muleta en sus vidas. Identifique a los que usted utiliza como muletas en la suya.

3. Estudie y ponga en práctica las cinco cualidades de la comunicación abierta. Lleve un registro de su aplicación.

4. Dé ejemplos de cómo podemos aprender a «mirar con los ojos del espíritu». (Sugerencia: mire a todo ser como si fueran familia: madre, padres, hijos y hermanos.)

5. Recuerde momentos en que fue arrinconado. Recuerde cuando usted arrinconó a otros. ¿Cómo se sintió en cada situación? Guarde sus contestaciones para el repaso del examen final.

EJERCICIO DE REFLEXIÓN Y MEDITACIÓN

Revisemos nuestras vidas y los errores u horrores que hemos cometido en ellas. Recordemos a los que hemos herido de una manera u otra. Revisemos los eventos que culminaron en esas heridas. Recordemos quiénes nos dieron la mano en esos momentos y cómo nos sentimos cuando así lo hicieron.

Observemos lo difícil que se nos hace recordar los eventos tristes de nuestras vidas. ¿Qué sentimientos aparecen cuando lo hacemos? ¿Podemos realmente borrarlos de nuestra memoria? ¿Realmente teníamos absoluto control, el conocimiento y la madurez para evitarlos en ese momento? ¿Fuimos los únicos responsables de la situación? Hagamos un acto de arrepentimiento de los eventos sin fijar culpa. Aprendamos de la experiencia para no cometerla nuevamente.

Repitamos la visualización del capítulo anterior y, al momento de visualizar el baño de arcoíris, enfoquemos en dónde se localizan los sentimientos de culpa de

141

nuestros errores pasados y limpiemos estos focos con los colores de la fuerza del amor y el perdón. Al final, visualicemos que, del centro del corazón, emanan infinitos rayos multicolores en todas las direcciones del universo que llegan a los corazones de todos los que hemos injuriado. Observemos cómo, al hacerlo, sonríen en plena alegría. Al final, meditemos en silencio.

TOMANDO LA RESPONSABILIDAD DE NUESTRAS VIDAS COMO COCREADORES DE NUESTROS UNIVERSOS

Glosario Capítulo VII

Codependencia - Una relación psicosocial considerada inapropiada por la falta de madurez en el comportamiento de las partes. Se establecen en una forma adictiva y autodestructiva para todas las partes, creando sufrimiento para todas. Se establece una relación de una parte dominante (codependiente) y una sometida (víctima-dependiente) en donde ambas crean una necesidad (conducta adictiva) con la otra. La víctima siente que no puede subsistir sin la persona abusiva, y el dominante cree que solamente él puede suplir las necesidades de su víctima. El denominador común a ambas es la falta de autoestima y vacío de atención (amor) que solo puede satisfacerse de afuera de sí. Toda relación de abuso sexual de cualquier género aplica aquí. Ahora saben de dónde se originan todas esas canciones románticas que expresan que no podrán vivir sin su amado.

Principio de incertidumbre - Principio de la física cuántica establecido por el Dr. Heisenberg que comprobó que, en los experimentos estudiando las partículas subatómicas, el método de observación afectaba los resultados del experimento. Sugiere, por primera vez en la ciencia, que el observador podría cambiar el resultado de un experimento. En palabras más sencillas, la visión del observador cambia según el color del lente con el cual el observador mira al universo en ese instante, o, *para los gustos hay colores*.

Mente racional - Hemisferio izquierdo cerebral. Mundo espacio-tiempo. Hijo del hombre.

<u>Mente transcendental</u> - Hemisferio derecho cerebral. Hijo de Dios.

<u>Cojos espirituales</u> - La persona dominante en las relaciones codependientes, que utiliza a la parte dependiente como bastón para caminar por el sendero de su vida.

EL RESULTADO DE LA RECONCILIACIÓN FINAL DE LA MENTE RACIONAL CON LA MENTE TRANSCENDENTAL

El nuevo hombre (ser) que resurge de nuestro interior renace en nosotros cuando sanamos la relación de codependencia del creador (Dios) con su creación (el hombre), convirtiéndola a una de interdependencia.

Si revisamos el material discutido en el capítulo VI, notaremos el énfasis que asignamos a la confusión originada por:

1. La falta de comunicación entre todas las partes del ser humano: razón - amor, conocimiento - sabiduría, ciencia - espiritualidad, racionalidad - intuición.

2. La tendencia a mirar al universo exclusivamente con el lado racional, regido por una visión tridimensional y temporal que lleva al hombre a concluir que él y el universo que le rodea son totalmente independientes uno del otro y que las reglas que rigen esta relación son preestablecidas por leyes científicas inmutables.

Esa visión racionalista del mundo crea una inquietud persistente por no poder entender o saber lo que puede ocurrir en su futuro inmediato, y lleva al ser humano a aceptar su falta de permanencia y fragilidad dentro de este esquema. En muchos casos, esto convierte la vida en un proceso de supervivencia del más hábil y poderoso, muy parecido al del reino animal.

Su experiencia, entonces, lo lleva a tener que aceptar la realidad de la enfermedad, envejecimiento y muerte como procesos inevitables, que a su vez lo dirigirán a tratar de retardar estos procesos. (Quizás esto dio origen al descubrimiento del nuevo mundo, con Ponce de León buscando la fuente de la juventud, y a la exitosa aparición de la cirugía plástica.)

Sabiendo el *ser* que el tiempo que le toca vivir y la calidad del mismo son impredecibles, entonces se enfrasca en una búsqueda de cosas que le brinden felicidad individual a toda costa, sin preocuparle la forma en que estas acciones impacten a todo lo que le rodea. **Esta individualidad lo lleva a confundir la sensación de sentirse amado con la satisfacción de haber obtenido los logros y metas que consideraba necesario para ser feliz.**

En vez de sentirse respetado por su propio valor, prefiere tener el poder de ser temido, y lo usa para que todo lo que le rodea le supla sus necesidades subjetivas.

Como, según el ego, su éxito solo depende de su esfuerzo individual, no reconoce la importancia del esfuerzo de otros en sus logros, ni compadece a los que no pueden emular sus acciones. Por lo tanto, nunca se dejará amar, ya que esta acción implicaría que el necesitaría de alguien que lo ame. Piensa que vive en una burbuja protectora, en donde solo algunos seres pueden traspasar con su permiso, como si fuera un privilegio especial.

Estos seres viven del reconocimiento y la adulación, porque son como vampiros energéticos (cojos espirituales) que, sin esa fuente externa de energía, se marchitan lentamente.

Este individualismo extremo, reforzado por la manera de su crianza y la programación genética de su ADN, da origen al ego o personalidad individual, de donde se origina el egoísmo.

Egoísmo, la razón principal de sufrimiento de la humanidad

Estos seres nunca logran la real satisfacción de sentirse amados. Vivir, si lo hacemos con egoísmo y falta de conciencia de nuestra interdependencia con las leyes del universo y otros seres, se convierte en una pesadilla de sufrimiento con momentos breves de felicidad.

Es la búsqueda de la salida de esta situación intolerable la que muchas veces lleva a una visión nihilista de la vida, en donde reina el individualismo y el egoísmo. Esto motivó en el pasado a algunos seres sabios a interpretar la contestación a las preguntas, ¿quién soy?, ¿de dónde vengo? y ¿para dónde voy? según su situación histórica, social y geográfica, y a definir lo trascendental a su manera, dando así origen a los conceptos religiosos que hoy nos rigen.

Parecería ser que estos grandes sabios, quienes guiaron a los hombres en sus primeros pasos en el proceso de la civilización y el desarrollo de la interacción social tan necesaria para la convivencia apropiada, le fueron dando al hombre esta información muy cuidadosamente, en porciones muy pequeñas, que fueran digeribles según su capacidad. Revisen el capítulo de la gran emisora universal y las interferencias en la comunicación.

El problema que surgió luego y que aun afecta a la humanidad es la intolerancia sectaria, que dio origen a gran parte de las guerras y opresiones sociales al tratar de establecer una como la verdadera o superior sobre la otra.

La relación de codependencia del hombre con dios

Debido al error de comunicación entre la interpretación individual del Creador (trascendente) y las interferencias individuales de su creación (el hombre), y fomentado por las estructuras jerárquicas de todas la religiones, el hombre desarrolló un tipo de relación patológica (anormal) de codependencia con la «divinidad» que, en muchos casos, y paradójicamente, no alivió el sufrimiento del ser humano.

Estas relaciones codependientes se caracterizan por una dependencia en otra persona o creencia para sentirse feliz, que completa sus aparentes deficiencias y que tiene características de adicción a esa figura externa. ¡Este es el origen de muchas sectas religiosas que han poblado nuestra historia!

Características de personas codependientes
Baja autoestima
Reprimidos o inhibidos
Compulsivos
Manipuladores o controladores
Confusos y fantasiosos
Dependientes
Inseguros
Faltos de confianza

La mala interpretación de esa relación puede llevar al ser humano a un sentido de culpa y confusión y a interpretar el mundo como un valle de lágrimas, en donde su rol es aceptar ser víctima de la experiencia de sufrimiento como una merecida e inevitable. Aquí, su única solución es entregarle toda su autonomía y poder de decisión al concepto del Creador y la estructura religiosa que le asegure la «salvación» de su valle de lágrimas.

El sistema originado de esta relación ofrece unas garantías si se siguen unas reglas de vida y unos castigos si se rompen. Aunque esta relación genérica no es la realidad en cada ser humano, siempre habrá un grado de codependencia del hombre con la figura de su Dios, que resultará en varios grados de manifestación codependiente.

Como resultado de esta relación, podría surgir el escepticismo religioso. Los ateos, aunque valerosos en sus cuestionamientos basados en su materialismo científico, se hacen independientes de todo proceso metafísico. Hay que admirar que aun así, consiguen establecer relaciones éticas de vida ante el respeto a su humanidad.

Sanando la relación de codependencia y creando una de interdependencia

La salida a esta relación de codependencia depende de la capacidad del hombre para entender que su relación con su Creador es una de responsabilidades compartidas(corresponsabilidad).

O sea, hay una interdependencia entre el Creador y su creación. La ciencia, según ya he explicado, nos informa que somos manifestaciones tridimensionales en el tiempo y espacio (materia) y que nos originamos de la naturaleza trascendental del no tiempo y espacio lineal (antimateria).

Pueden referirse al capítulo I, en donde explicamos que el universo y nosotros (como un microcosmo del mismo) somos seres 95% imperceptibles intemporales y 5% perceptibles temporales, en donde la experiencia subjetiva de la vida depende de la visión intencional de nuestro libre albedrío. Además, debemos recordar nuestro verdadero origen y comprender que la experiencia de la vida es solo una, en donde lo trascendental se manifiesta en una infinita y cambiante gama de posibilidades, y en donde la interdependencia entre sus opuestos (materia/antimateria, hijo de Dios/hijo del hombre, mente relativa/mente absoluta, microcosmo/macrocosmo, hemisferio cerebral izquierdo/hemisferio cerebral derecho etc.) es inevitable.

Nuestro hemisferio cerebral izquierdo (mente material) o ego nos llena de temor y refuerza nuestra visión de codependencia, generando nuestro estado individualista y fomentando que olvidemos que todo este sufrimiento proviene de la ignorancia sobre nuestro verdadero origen o naturaleza. Este hemisferio nos refuerza que solo somos lo que nace y muere, que vino de nuestro ADN de los padres.

Esa mente fomentadora de nuestro ego (mente racional) también es responsable de la tendencia a proyectar cualidades humanas a la fuerza creadora del universo, en donde el **hombre, que debiera estar hecho a la imagen y semejanza del Creador, contamina la verdadera imagen de su Creador al definirlo según sus propias limitaciones humanas.** Esta tendencia la podemos encontrar en casi todas las maneras de describir a Dios en la mayoría de los libros sagrados de todas las civilizaciones occidentales y orientales.

Nuestro hemisferio derecho (mente trascendental) nos apoya en reconocer nuestro infinito potencial cuando entendemos nuestra verdadera naturaleza y origen y la importancia de nuestro libre albedrío. Este nos da la capacidad de escoger vivir como una totalidad interdependiente, dentro de la cual somos como las notas musicales dentro de una gran sinfonía o los matices de colores en una pintura, donde nuestro rol es tan importante como el de todos sus componentes, pero no mejor que el de ninguno otro. ¡Mediten buen rato en esta oración!

Este sentimiento de interdependencia nos hace compartir responsablemente nuestro rol en ese universo y nuestra responsabilidad en la cocreación del mismo. El hemisferio derecho o mente espiritual nos hace sentir que somos parte de «algo» antes de nacer y que volvemos a ese «algo» al morir. Nos hace sentir inmortales, y parte de un proceso evolutivo más amplio que nuestra limitada experiencia terrenal de vivir en el tiempo y espacio.

La cocreación del universo es originada por la acción interdependiente de lo trascendental (Dios, amor) y su creación (universo y el hombre)

En la tradición taoísta china, el universo se dividía en dos partes: Yang (el cielo - masculina) y Yin (la tierra - femenina), donde el hombre era una manifestación equilibrada de ambos que se encontraba entre el cielo y la tierra. Mi interpretación de ciertos versículos de los libros sagrados en la tradición cristiana es que, aunque el reino de Dios no era de este mundo, residía en el corazón de todos los hombres.

Esta interpretación está basada en dos citas bíblicas: «No van a decir: "¡Mírenlo acá! ¡Mírenlo allá!" Dense cuenta de que el reino de Dios está entre ustedes.» (Lucas 17:21), y en la cita de Juan 18:36 que expresa, «—Mi reino no es de este mundo — contestó Jesús —. Si lo fuera, mis propios guardias pelearían para impedir que los judíos me arrestaran. Pero mi reino no es de este mundo.»

Quizás especulo que era más bien una cuestión de reconocer esa cualidad dentro de cada uno de nosotros, para luego poder reconocerla en todos nuestros prójimos. La siguiente frase intenta describir esa manera de vivir entre los hombres: El cristo o sabio es aquel que, aunque vive con los pies en la tierra, siempre mantiene su vista en el cielo.

La extrema responsabilidad compartida que nace de la cocreación del hombre en el universo

Ya sabemos que no hay limitación a las posibilidades de cómo se puede manifestar el estado de trascendencia, que es tan cambiante como existan observadores del mismo.

Parecería ser que la divinidad es una naturaleza facilitadora (amorosa) de la creación, que depende de la intención creadora del libre albedrío individual del hombre, y su manifestación en nuestra realidad de tiempo y espacio (universo material).

El reino del espíritu es un estado virtual con infinidad de probabilidades, y el reino material es uno de realidades cocreadas por la mente del hombre, según las leyes del universo.

¿No es el amor el gran facilitador de la creación del universo según el libre albedrío de la mente del hombre que, si es facilitado por un ser egoísta, genera un infierno, y por un ser amoroso, un paraíso?

Las acciones basadas en el egoísmo nacen de la falta de reconocimiento de nuestro verdadero origen (el amor) que reside potencialmente en todo hijo del hombre (*ser*), aunque él no lo reconozca aun. Esa falta de reconocimiento nos convierte en los ciegos de espíritu o cojos espirituales, que crean la necesidad de usar a otros como muletas, creando una codependencia adictiva para buscar la felicidad.

Todo el universo que existe en las tres dimensiones de tiempo, espacio y distancia, es regido por las leyes científicas. Una de las más importantes es la tercera ley de Newton sobre el principio de acción. Nos dice que si un cuerpo *A* ejerce una acción sobre otro cuerpo *B*, este realiza sobre *A* otra acción de igual intensidad y en sentido contrario. O sea, que toda acción en nuestro mundo genera una respuesta proporcional a la inicial, o toda causa genera un efecto proporcional.

Si revisamos todo lo dicho hasta ahora, se deduce que todo lo existente, medible y visible se manifiesta por una acción creativa mental, que se origina del estado potencial indefinible del Creador (amor), pero donde su manera de manifestarse dependerá de la intención o libre albedrío, de la acción mental del individuo.

Si el ser se identifica como un ser transitorio, individual e independiente de todo lo que le rodea, seguirá el doloroso camino del sufrimiento y la infructuosa e incesante búsqueda de la felicidad. Pero, si el ser reconoce su verdadero linaje como hijo del espíritu, aplica mi cita: **cuando el ser aprende a mirar el universo a través de los ojos del espíritu, solo ve amor.**

Recordemos que el universo, en su manifestación más densa en el tiempo y espacio, está compuesto de partículas energéticas subatómicas idénticas que se agrupan en familias de elementos en la tabla periódica, difiriendo entre sí solo en el número y arreglo de las partículas. ¡Son estos tenues cambios en configuración los que manifiestan las diferencias finales y dramáticas entre el plomo y el oro!

¿No serán estas variables en los elementos la influencia del principio de incertidumbre de la física cuántica, que postula que todo lo observable es influenciado por el acto mental subjetivo del observador? Entonces, tendríamos que aceptar que la mente es la que organiza y clasifica este universo de probabilidades infinitas en aquellas que serán afines con la experiencia subjetiva del observador. Podríamos especular que nuestro ADN biológico (hijo del hombre) está programado con sus cinco sentidos para entender este universo del tiempo y espacio.

Esta sería la extensión de la ley de la relatividad del tiempo de Einstein a la relatividad de todo lo existente en el espacio que define el tiempo. Implicaría entonces que, si el tiempo es un fenómeno relativo, toda manifestación que ocurra dentro del tiempo debiera ser relativa también.

De esta realización podríamos concluir que toda experiencia sobre cómo vemos y entendemos nuestros miniuniversos (cocreaciones) será una relativa y subjetiva a nuestro programa genético o la herencia, a la programación que hemos aprendido en nuestra experiencia individual de interactuar con el mundo exterior, y a la concordancia con otros en la forma en que interpretamos la experiencia de vivir hábitos y valores.

De esta forma, el hombre se hace una entidad social y sicológica (personalidad) que lo diferencia según el ambiente geográfico, social económico, racial y religioso en el cual se desarrolla. Recordemos siempre que, aunque concordemos todos en la búsqueda de la felicidad, nunca podremos ponernos de acuerdo sobre cómo es que la encontraremos. Por eso debemos tener mucha precaución con lo que pensamos, y recordar lo dicho por Buda:

El pensamiento se manifiesta en la palabra.
La palabra se manifiesta en un hecho.
El hecho se desarrolla en un hábito.
El hábito se solidifica en el carácter.
Del carácter nace el destino.

De manera que observa con cuidado tus
pensamientos
   Y permíteles nacer del amor,
   Que nace del respeto a todos los seres.

Podríamos añadir, «no del egoísmo, que nace de la negación del amor que reside en ti.»

De todo lo anterior, debemos entender la importancia de la manera en que juzgo lo que me rodea, porque seré corresponsable de lo que he cocreado con mis pensamientos. **Aprendamos a mirar el universo a través de los ojos del amor y no del egoísmo que nos genera el dolor.**

El ego, el que rapta la felicidad de nuestros corazones

El hombre que vive la experiencia terrenal se parece al príncipe que fue raptado en su niñez en una guerra, que se cría como un esclavo por sus captores y vive con la esperanza de recuperar el estado de plenitud que lleva como un recuerdo lejano en su corazón.

Aun cuando es liberado tiempo después, no existe recompensa material que le llene la sensación de vacío que lleva en su corazón. Cuando alguien que conozca el reino de donde él venía y recuerde las cualidades hermosas que él tenía lo ayude a reconocer su verdadera herencia y origen, él emprenderá la búsqueda de su reino perdido.

En este caso, nuestro raptor representa nuestro propio ego, creado por la mente material, donde junto al miedo y la ignorancia, nos aprisiona en la hermética cárcel de tiempo y espacio donde nacemos. Ahí, alternamos épocas transitorias de alegría y sufrimiento, con la inevitable realidad del envejecimiento y la muerte.

Cuando el príncipe (hijo del hombre) se deja amar por los que reconocían en él su verdadero linaje (hijo de Dios), empieza a recordar su origen y

emprende la búsqueda de quién realmente es, de dónde viene y para dónde se dirige.

Por eso, la manera de aflorar la grandeza del ser humano es amándolo intensamente, sin expectativas preconcebidas. ¡Otra verdad que, si la aprendemos y aplicamos, nos garantiza pasar el examen de la vida!

El amor siempre ofrece, en oferta especial y con combo agrandado, el perdón con la acción del pecado

Para entender lo anterior, debemos recordar que el estado de transcendencia del no tiempo, o amor, en el universo existe en un estado virtual sin cualidades preconcebidas. Ahí, el *ser* genera un estado correspondiente de felicidad (paraíso) o infelicidad (infierno) según su interpretación mental. Las acciones egoístas nacen de la ignorancia de la verdadera naturaleza del *ser*, donde el mal o la maldad es el resultado de la ignorancia de la existencia del bien.

Lo que implica que toda acción amorosa o egoísta, según la ley Newtoniana de correspondencia, genera una respuesta similar y proporcional al ser que la inicia y al que la percibe. Esto solamente ocurre en las experiencias dentro del tiempo y espacio, sin afectar al mundo transcendental del no tiempo y espacio (aquél con un nombre tan grande que no cabe en mi boca, Dios).

Esta realización nos pondría en un conflicto teológico dentro de la tradición judeocristiana, ya que sería una imposibilidad pecar contra la naturaleza trascendente, o Dios. Recuerden que Dios es puro amor, que no entiende cómo el ego enjuicia su universo. Nuestras acciones egoístas solo afectarían a nuestros hermanos en nuestra experiencia terrenal: los hijos del hombre. Esto implicaría que si hubiera que pedir perdón a alguien, sería más bien al que hicimos sufrir: al hijo del hombre.

El acto más amoroso de la matriz del universo, Dios, o el amor, es dar al *ser* el libre albedrío para usar las cualidades de su razón en un balance con las cualidades de su corazón. Esto le permite vivir en interdependencia y solidaridad con sus hermanos según la ley de oro que dice, «No le hagas a otros lo que no te gustaría que te hagan a ti.»

Entonces, ¿dónde reside la justicia divina, si no hay alguien o algo que juzgue las consecuencias de nuestras acciones? Al compartir la experiencia en el tiempo y espacio de nuestro universo, todos nuestros pensamientos y acciones, conscientes e inconscientes, generan una acción correspondiente bajo la ley de acción y reacción (causa y efecto) de Newton, que resulta en consecuencias de los mismos.

Esto es lo que las tradiciones orientales, que creen en la experiencia de la reencarnación, llaman el karma individual y grupal. Yo prefiero llamarla la ley del amor, ya que le permite al universo, cocreado por los hijos de Dios, corregir los errores creados por la ignorancia de su ego, ¡sin connotaciones punitivas individuales!

Al igual que el universo registra en su memoria cada acción en el mundo energético, así también registra las acciones individuales de los seres que habitan en él. Podríamos postular especulativamente que, así como hay un ADN que registra la historia de la experiencia biológica del organismo e influencia su continuidad hereditaria, debe existir un ADN espiritual que graba la experiencia del *ser* transcendental, que procesa la información aprendida de las experiencias individuales y grupales de la vida del universo.

Esta relación de causa y efecto entre cada acción mental o física y su resultante no implica ningún proceso de enjuiciamiento inculpatorio de algo, independiente de la experiencia en sí misma. Lo único que guía este proceso es la búsqueda del equilibrio (amor) en la totalidad de la acción individual y desequilibrante del ego.

Podríamos comparar a la acción egoísta como el acto de pecado, inconsciente o consciente, de un ser humano sobre el otro. Este acto genera sufrimiento, pero nunca afecta la matriz generadora de amor del universo. **Por lo tanto, el hombre «peca» contra los hijos de Dios, pero no contra Dios.**

Y este libre albedrío de acción mental y física, con las consecuencias de esas acciones, es la forma más compasiva del amor, al darle a cada individuo una forma de redención de sus acciones, permitiéndole vivir las consecuencias.

Por eso dije que con cada acción de pecado viene empaquetada en combo la opción del perdón para redimirlas.

Para aquellos de ustedes que siguen la tradición judeocristiana y musulmana, y ven la experiencia terrenal como única e individual, la justicia de las acciones egoístas de los seres humanos se decidirá en un juicio final, en donde el «alma» de algunos que han seguido las infinitas reglas religiosas de cada tradición será compensada por una experiencia eterna de alegría y gozo en el cielo, o de eterno sufrimiento en el Infierno.

Para aquellos que se sienten afines con el concepto de la reencarnación, la impersonal ley de causa y efecto (karma) resulta en experiencias repetidas de la vida, que según sus acciones previas redundarán en varios grados de alegría o sufrimientos, que podrían representar la sensación de vivir en el cielo o en los infiernos en esa experiencia.

¿Qué peor infierno que las experiencias históricas de lo que los hombres han hecho y aun hacen a sus vecinos en la tierra? ¿Dónde está la justicia divina en todas las guerras que han sido justificadas para imponer o evangelizar una creencia religiosa sobre otra?

Pero, aun los que creen en el concepto de reencarnación no están totalmente correctos, porque según dije previamente, «debemos recordar nuestro verdadero origen y comprender que la experiencia de la vida es solo una, en donde lo trascendental se manifiesta en una infinita y cambiante gama de posibilidades, y en donde la interdependencia de una con otra es inevitable, lo cual da origen a la verdadera solidaridad de nuestra humanidad en esta experiencia.» La ley de la relatividad del tiempo también hace relativas todas las posibles manifestaciones multidimensionales que pueden existir simultáneamente con la de nuestra experiencia tridimensional.

La física cuántica nos sugiere que todas las posibilidades que podríamos experimentar e interpretar como una secuencia lineal de vidas y encarnaciones en realidad están ocurriendo simultáneamente, pero, ¡nuestra consciencia individual temporal nos deja ver solo una de esas múltiples experiencias! Las recientes teorías científicas de los hilos o súper cuerdas sugieren un sinnúmero adicional de dimensiones que nos rodean y que no podemos ver ni entender.

Por lo tanto, ¡la reencarnación es una experiencia del ego, cocreada por su ignorancia, al no entender que lo que reencarna en el universo es Dios por medio de sus hijos, en una experiencia multidimensional infinita! Si entienden esta, ya pasaron el examen final.

Yo prefiero tomar mi corresponsabilidad en la creación de mi experiencia, sea esta lineal o multidimensional, poniendo mi pequeña aportación para la armonía de la gran sinfonía de la experiencia universal. Al igual, debemos romper con el estado codependiente en donde el ego nos amarra, cambiándolo por una relación de interdependencia y de solidaridad con el universo y sus infinitas manifestaciones.

Y ahora, compañeros del camino de la vida, compartamos el mismo en hermandad mirando al universo por los ojos del espíritu.

PREGUNTAS DE BONO PARA SUBIR LA NOTA

1. Estudiemos cuidadosamente el concepto de la codependencia en nuestras vidas, y busquemos este tipo de relación en nuestra crianza, la de

nuestros hijos y en nuestras relaciones amorosas y de negocio. Notemos cómo nos afectan y cómo podemos corregirlas. Sugerencias: busquen sus fracasos, miedos, sus relaciones fracasadas, sus crianzas disfuncionales, sus resentimientos, y sus experiencias con las personas difíciles en sus vidas.

2. ¿Cómo podemos utilizar lo que aprendimos sobre nuestra coresponsabilidad (libre albedrío) y cocreatividad para corregir los aspectos nocivos de las relaciones codependientes en nuestras vidas?

3. Revisen todas las acciones que les han generado culpa y sufrimiento en sus vidas, evalúen el concepto del perdón y la ley causal del amor sobre estas acciones. Pregúntense:

a) ¿A quién ustedes injurian?

b) ¿Por qué lo hicieron?

c) ¿Quién enjuicia y decide la consecuencia de la acción?

d) ¿Cómo puedo corregirla lo más rápidamente?

e) ¿Debemos exigir perdón por las acciones que nos han hecho sufrir otros en nuestras vidas?

Utilicen las sabias palabras del maestro Jesús, «Perdónalos, porque no saben lo que hacen», y aplíquenla a ustedes y a otros en su aprendizaje en la escuela de la vida.

EJERCICIO PRÁCTICO

Además de seguir con las meditaciones previamente recomendadas, hagamos el esfuerzo de llevar el estado meditativo al diario vivir por medio de un estado de alerta, en el cual mantengamos nuestra visión a través de los ojos del espíritu. Practiquemos las cualidades humanas del amor, paciencia, empatía, tolerancia, compasión, alegría, gozo y la valentía (perseverancia) para mantenerlas ante los embates de nuestro ego. Usen las técnicas previamente sugeridas de la comunicación con los mal amados o seres difíciles, comenzando con sus seres queridos y luego extendiendo su alcance según dominen la fase previa. ¡No se olviden nunca de dejarse amar en todo momento, porque en ustedes se encuentra la fuente más pura del amor!

EL RETORNO AL JARDÍN DEL EDÉN: RECORDANDO EL CAMINO DE REGRESO

EL MAPA Y LA BRÚJULA QUE NOS FACILITAN EL RETORNO – UN RESUMEN DEL LIBRO

Glosario Capítulo VIII

Inteligencia compasiva - Cuando el amor guía la razón en la convicción de un universo holográfico y solidario, aparece esta sabiduría amorosa que caracterizó a todos los grandes maestros. Estos maestros aprendieron a vivir en el mundo sin ser del mundo, porque reconocieron que su corazón siempre residía en el reino de Dios.

Recordando el camino de regreso a nuestro verdadero hogar

Si revisamos el capítulo III, encontramos que hay ciertas cualidades de nuestra naturaleza que están olvidadas, con las cuales debemos hacer una reconexión para recordar el camino de regreso a nuestro hogar y restablecer la existencia de estas capacidades:

1. La capacidad de entender nuestro origen.

2. La capacidad de entender cómo interactúan estas cualidades.

3. La capacidad de entender cómo estas influencian la visión de la vida (felicidad o sufrimiento).

Luego que el *ser* reconoce la existencia de estas es que nace el deseo de buscar el regreso a nuestro hogar y de encontrar la forma de guiarnos en ese camino, que discutiremos aquí.

El jardín del edén: significado del mito en nuestra vida

Este es el mito sobre cómo el amor primordial da origen a:

1. La dualidad mental y la apariencia de lo existente, el tiempo y los ciclos infinitos asociados al mismo.

2. La aparición de las emociones y el enjuiciamiento de lo existente por el apego a lo bueno y el rechazo de lo malo que genera el ego y la desaparición de la inocencia.

3. El estado en que se encontraba la consciencia del ser en este lugar fue descrito por las religiones antiguas y por la cristiana como uno más puro y cerca de la naturaleza «creadora» del universo, que fue llamado «cielo» por muchas tradiciones religiosas.

El jardín del edén: el significado simbólico

1. Representa la Edad de Oro en donde el *ser* vivía en un estado de inocencia con mínimo dualismo mental, y estaba casi en la presencia de la divinidad creadora. Todavía no discernía el bien del mal.

2. El árbol del fruto prohibido - Estado potencial del conocimiento del bien y del mal. Representa la razón, la inteligencia racional y el desarrollo de los cinco sentidos, que le permite al *ser* organizar el universo en unas leyes aparentemente inmutables según su interpretación (universo de materia-tiempo-espacio). Empieza entonces el hijo del hombre a cocrear con su libre albedrío. ¡A meter la pata y otras cosas!

3. La manzana - Representa la capacidad de analizar, enjuiciar la creación y clasificar el mundo en bueno, malo o indiferente. Es el desarrollo de los cinco sentidos a su capacidad

máxima, con la consecuencia (responsabilidad) de sentir el placer o el sufrimiento. La aparición de la inteligencia, razón y análisis, y la capacidad de ordenar el universo en unas leyes creadas por su mente (los hábitos y costumbres) representa la pérdida de inocencia (¿irresponsabilidad?), y la aparición del tiempo y los ciclos del nacer, enfermar y el morir. (¿Y la manzana no era buena para la salud?)

4. El árbol de la vida - Representa la naturaleza inmortal del *ser* que realiza que no existe el tiempo. Este es el estado de sabiduría que potencialmente existe en cada hijo del hombre cuando se da cuenta que es el hijo de Dios y que puede manifestarse en su experiencia universal en amor, como el hijo de Dios, el Cristo o el Buda.

5. ¡Es la parte final del sendero cósmico, cuando el hijo pródigo vuelve a la casa de su padre, con la sabiduría de su experiencia terrenal!

Los dos linajes del ser

1. El hijo pródigo (el hijo del hombre) - Todos los que vinimos a este mundo somos como hijos pródigos. Pedimos nuestra herencia, la inteligencia y la razón, para usarla apropiadamente en el universo, pero nos olvidamos de nuestra verdadera herencia y nos dedicamos a vivir como dice la canción de *La vida loca*. Este es el que vive en el egoísmo. **Recordemos que vivir, si lo hacemos con egoísmo y falta de conciencia de nuestra interdependencia con las leyes del universo y otros seres, se convierte en una pesadilla de sufrimiento con momentos breves de felicidad.**

2. El hijo de Dios (del espíritu) - Este representa a todo aquel ser que sale de la casa de su padre (el jardín del edén) con una clara consciencia de su herencia verdadera, que es la herencia espiritual basada en el amor y el estado primordial del universo. **Este es el ser que aprende a mirar a través de los ojos del espíritu y solo ve amor a su**

alrededor. ¡Pero, la única manera de aprender esta visión sabia es viviendo la experiencia terrenal! (Si la aprenden, también aprueban el examen final.)

Los que aprendieron esta lección llegaron a ser los grandes maestros de todas las religiones, tales como Jesús, Buda, Hermes, Moisés, Krishna, Laotze, Mahoma, etc.

¿Qué es, entonces, el retorno al jardín del edén?

1. Es el acto mental de recordar lo que hemos olvidado.

2. Es el acto de reencuentro de nuestras dos naturalezas (reconciliación, conexión o comunión).

3. Es el acto de aprender a mirar nuevamente al universo sin prejuicios y preconcepciones (mirando con los ojos del espíritu).

4. Es el acto de poder perdonarnos y perdonar a otros.

5. Es el acto de la meditación (comunión o comunicación abierta).

¿Cuál es el mapa que debemos de usar para el retorno al paraíso? Este está construido por una serie de actitudes y acciones que nos ayudan a encontrar el camino.

Primero, hay que reconocer que estamos perdidos. Paradójicamente, la ciencia nos ayuda en esto. Este es el único prerrequisito para coger esta clase. La brújula que nos guiará continuamente en el camino será la meditación y la oración.

En el camino de retorno nos encontraremos a muchos buenos samaritanos (los maestros) que ya hicieron el recorrido, y que nos ayudarán a mantener el rumbo correcto.

La ciencia y la razón

Es la ciencia la que nos ayuda a encontrar nuestro origen cuando nos enseña, por las siguientes observaciones que ya hemos discutido, que «La vida terrenal, es un espejismo creado por la sed del individualismo».

Revisando lo ya discutido, la ciencia nos sugiere que el 95 % del universo es invisible (antimateria) y que el 5 % perceptible (materia) es donde creemos vivir. La ciencia solo puede entender e investigar esta minúscula parte. Ya previamente discutimos las teorías científicas que sugieren la existencia de muchas más dimensiones de las tres que conocemos, y que el tiempo es una creación ficticia de nuestra mente (la teoría de relatividad de Einstein).

Previamente postulamos que todo lo perceptible es una manifestación temporal de lo imperceptible. Algunos ejemplos son el viento, la luz, los pensamientos, el arte, la música, las partículas subatómicas de la materia, etc. De la misma manera,

185

nosotros somos seres originados de una naturaleza inmortal (fuera del tiempo y espacio) que nos manifestamos transitoriamente en el tiempo. ¡Si todavía no entienden esto, definitivamente se van a colgar en el examen final!

La brújula, el instrumento que facilita la comunicación y la meditación

1) Esta lleva a un reencuentro de nuestras dos naturalezas en la mesa de negociación (nuestro corazón).

2) Inicialmente, el ego pelea como gato acorralado, apegándose a los cinco sentidos porque tiene miedo a perder su control, porque es el origen de sus hijos postizos: los mal amados. ¡Esos egoístas que no saben lo que hacen, pero se creen que lo saben todo! Paciencia, paciencia...

3) Cuando los dos tipos de mente se encuentran en la mesa de negociación, es como cuando un

hijo huérfano conoce a su madre perdida y viceversa. Recuerden la canción en inglés, *Love is more wonderful the second time around.*

4) La mente relativa (material) es como un disco rayado, que nos repite el mismo mensaje incesantemente y que no nos deja escuchar la verdadera bella melodía que reside en nuestros corazones.

5) Finalmente, sabemos que hemos llegado al jardín del edén cuando el *ser* aprende a mirar el universo a través de los ojos del espíritu, y solo encuentra amor.

Los maestros

Estos son los buenos samaritanos que, después de haber encontrado el camino, vuelven para guiar a otros a encontrarlo. Nos brindan apoyo y esperanza en esos momentos en que flaqueamos.

Ellos tienen la inteligencia compasiva, porque su experiencia en el universo de la dualidad despertó la compasión. Esta compasión es la cualidad cristiana y budista que los grandes maestros nos han pedido emular.

Al llegar y recordar nuestra verdadera naturaleza, tenemos la sensación de ser parte de algo más, y no solo ser individuales e independientes. El sentirnos parte de una gran familia espiritual nos hace entender la cita, «Ama a tu prójimo como a ti mismo».

Inteligencia compasiva es cuando el amor guía a la razón a la convicción de un universo holográfico y solidario. Ahí aparece esta sabiduría amorosa, que caracterizó a todos los grandes maestros. Estos maestros aprendieron a vivir en el mundo sin ser del mundo, porque reconocieron que su corazón siempre residía en el reino de Dios.

Ellos mantuvieron sus pies en la tierra, sin alejar sus ojos del cielo.

Origen de las discrepancias religiosas

Las discrepancias religiosas se originan por la limitación subjetiva de los cinco sentidos y los problemas de la comunicación, y no se basan en las enseñanzas de los grandes samaritanos, sino más bien en nuestras interpretaciones de las mismas.

Recuerden que la divinidad, o la fuerza trascendente unificadora del universo, es la gran emisora universal, y solo transmite el amor sin trabas o favoritos.

Y nunca olviden la frase de la cábala judía, «el nombre de dios es tan inmensamente grande que no me cabe en la boca».

El poder del pensamiento, la fe y el amor

El pensamiento genera el movimiento de la energía del universo, donde el resultado depende de la intención del acto de pensar. Mientras más se envuelve el ego (deseo individual), peor es. ¡La mejor

189

intención es la amorosa, que dirige su intención sin intención!

La intención es más efectiva mientras más evolución, consciencia de solidaridad o sabiduría espiritual hay en la acción del pensamiento.

La sabiduría interna (hijo de Dios) de nuestro ser es el verdadero chofer de nuestra nave cósmica, no el ego.

La fe es un acto pasivamente activo de permitir la reconciliación de nuestra naturaleza dual, muy parecido a la comunión religiosa.

Las emociones negativas son como cicatrices energéticas que obstruyen la circulación libre de nuestra energía.

La llegada al jardín del edén: ¿cómo sabremos que llegamos?

Al llegar al jardín del edén, la vida toma un sabor

tan delicioso que todas las experiencias nos saben igual de buenas. También, obtenemos todas las cualidades positivas que el amor genera. Dejamos de criticar el mundo, y solo nos dedicamos a ayudar a los que aún no han recordado su origen.

¡Y entonces, cuando miramos en nuestro patio, nuestro corazón, nos damos cuenta de que nunca abandonamos el jardín del edén!

PREGUNTAS DE BONO PARA SUBIR LA NOTA

1. Quiero que analicen la razón por la que Dios creó el árbol del conocimiento del bien y del mal, si no quería que sus hijos comieran de su fruto. ¡Me encantaría oír sus respuestas!

2. ¿Cuáles son los requisitos para encontrar (crear) nuestro mapa?

3. ¿Por qué se dice que la fe es un acto pasivamente activo? ¿Por qué no todo lo que

creamos con nuestras mentes se hace realidad inmediatamente en nuestras vidas? ¿Cómo se establecen las prioridades para conceder las peticiones de sus hijos en la lista de espera universal de Dios?

4. Enumeren las que ustedes creen que son las cualidades de los grandes maestros. ¿Creen que podrían imitarlas en algún momento?

5. Describan, en sus propias palabras, lo que significa «inteligencia compasiva». Busquen oportunidades para aplicarla a sus vidas. Den ejemplo de algunas de ellas. ¿Es compatible esta forma de actuar con el sistema actual de negocio? Digan formas de gobiernos que han tratado de utilizar la inteligencia compasiva en sus sistemas políticos.

6. Recuerden algunos de los buenos samaritanos que les han dado de beber en la travesía de sus vidas. ¿Recuerdan cómo los afectaron estas

acciones? ¿Han ustedes repetido con otros esas acciones?

EJERCICIO DE MEDITACIÓN Y REFLEXIÓN

Para poder recordar nuestro origen, debemos aprender a mirar por medio de los ojos del espíritu cómo nos vemos y cómo debemos a mirar al resto del universo. Vamos a repetir la meditación del baño de amor (la pueden encontrar también en la página 130).

Un colorido baño de amor

Sentados en una posición cómoda, con nuestra espalda vertical y nuestra cabeza erguida, visualicemos una fuente de fuerza o energía espiritual que nos haga sentir protegido. Por ejemplo, la figura del Sagrado Corazón de Jesús, de apariencia joven, sonriente y de pie, con sus brazos abiertos y emanando rayos de luz multicolor desde el centro de su corazón hacia el nuestro, en el cual existe una pequeña semilla.

Entendamos el significado del ejercicio. Jesús representa la manifestación humana del Espíritu Santo, que es la fuerza del amor que nos dejó Dios después de partir su hijo. Los rayos multicolores representan las infinitas maneras en que se puede manifestar el amor entre nosotros. La semilla en nuestro corazón representa la forma latente en que reside en el hombre ese amor.

Según esos rayos de luz llenan nuestro corazón, sintámonos amados y protegidos por el amor de Dios, y observemos como la pequeña semilla empieza a abrirse y a su vez emana los múltiples colores del amor hacia todas partes. Inicialmente, imaginemos que esos colores nos dan un baño de amor y van a todas las partes de nuestro cuerpo, especialmente aquellas donde hay algún malestar, y veamos cómo estas son pacificadas y sanadas.

Luego que la alegría y el bienestar nos llenan, vamos a compartir con todos los seres humanos, especialmente con aquellos que nos han lastimado por su ignorancia del amor.

Visualicemos que desde nuestro corazón parten rayos multicolores hacia todos los seres humanos sin distinción, incluyendo a los que ya han partido del mundo, y a aquellos que en nuestra forma de pensar trajeron sufrimiento a nuestras vidas. Dediquémosle unos minutos a esta acción, y luego descansemos nuestra mente en el silencio por unos minutos adicionales. Acabemos dando gracias por esta oportunidad. Hagamos este ejercicio todos los días al levantarnos y acostarnos.

Al final, para mantener nuestra mente en un estado de tranquilidad, imaginemos que nuestros pensamientos son como nubes en el cielo, y que nuestro estado de paz natural es como el azul del cielo. Dejemos pasar nuestros pensamientos como si fueran nubes, sin seguirlos, y concentrémonos en el azul del cielo, nuestro estado natural.

EXAMEN FINAL PARA LOS COLGAOS

DE LA *ESCUELA DE LA VIDA*

Instrucciones: escoger la mejor contestación entre las opciones.

1. ¿Qué es la antimateria?

a) Un nuevo partido socialista que se opone al consumismo desenfrenado

b) Lo que la ciencia dice dio origen a la materia

c) Lo que ocupa la mayor parte de nuestro universo (72%)

d) De lo que están compuestos los fantasmas

2. ¿En qué porcentaje de nuestro universo potencial es donde percibimos existir?

a) ¡La mayoría de nosotros en ninguno!

b) En el 5%

c) En el 95%

d) Ninguna de las anteriores

3. La teoría de relatividad de Einstein podría explicar lo siguiente:

a) ¡La costumbre de los boricuas a llegar tarde a las citas!

b) ¡Por qué nunca nos da el tiempo para acabar los trabajos asignados por el jefe!

c) ¡Por qué vemos más viejos a los graduados de nuestra clase de escuela superior que a nosotros mismos!

d) Por qué el tiempo cambia su medida según donde se mida en el universo

4. La frase «pienso, luego soy» fue acuñada por:

a) Platón en La República

b) Isaac Newton en su teoría de la física mecánica

c) René Descartes en su teoría del racionalismo

d) Ninguna de las anteriores

5. La frase «soy, luego pienso» fue acuñada por:

a) Platón

b) Einstein

c) Isaac Newton

d) Iván Figueroa Otero, MD

6. El efecto holográfico del *ser* dentro de su universo se reconoce en:

a) Las citas bíblicas: «Les aseguro que todo lo que hicieron por uno de mis hermanos, aun por el más pequeño, lo hicieron por mí» (Mateo 25:40) y «Ama a tu prójimo como a ti mismo» (Mateo 22:39)

b) El calentamiento global asociado a la contaminación de la atmósfera por el hombre

c) La alteración genética de los productos agrícolas

d) Todas las anteriores

7. La ley de oro es:

a) La que clasificó el valor del dinero por las reservas de oro del planeta

b) La que fija el precio del oro a base de su peso

c) No le hagas a otros lo que no te gusta que te hagan a ti

d) ¡Los ricos siempre se salen con la suya!

8. ¿Cuáles son los puntos obvios de la corresponsabilidad creativa?

a) El libre albedrío nos hace corresponsables de los resultados de nuestras acciones

b) La manera más eficiente de manifestar el amor de Dios en el universo es por medio de las acciones corresponsables de cada hijo de Dios (hombre)

c) La tierra es nuestro hogar y lo que afecta a esta afecta a todos sus hijos

d) Todas las anteriores

9. Sobre nuestro ADN podemos afirmar lo siguiente:

a) Vino del mono

b) Cada raza apareció de uno diferente

c) Vino de las estrellas y fue el mismo que dio origen a todas las razas

d) Ninguna de las anteriores

10. La ley de conservación de energía es:

a) La que promueve el ahorro del consumo exagerado del petróleo

b) La que promueve adulterar la gasolina con alcohol para evitar el alcoholismo

c) La que me obliga echar gasolina regular en vez de *premium*

d) Es la ley de la termodinámica que afirma que ni la energía ni la materia puede perderse en el universo ya que una se convierte en la otra

11. Cualidades que caracterizan a los que son egoístas:

a) Toman acciones independientes de sus efectos en otros

b) Auspician el individualismo en oposición a la interdependencia

c) Viven sin trascendencia, ya que su existir termina con la muerte del cuerpo

d) Todas las anteriores

12. En lo único que los seres humanos concordamos es:

a) Que nos gusta comer vegetariano

b) Que todos queremos ser felices

c) Que queremos ser ciudadanos estadounidences

d) Que todos iremos al cielo

13. ¿Qué fue lo que Jesús implicó en la cruz al decir, «Perdónalos, porque no saben lo que hacen» al referirse a los que lo mataban?

a) No reconocieron a Jesús como hijo de Dios

b) No reconocieron que ellos eran también hijos de Dios

c) No reconocieron que eran hermanos espirituales de Jesús

d) Todas las anteriores

14. Esquizofrenia cósmica es:

a) Una nueva forma de enfermedad mental que afecta a los astronautas que pasan mucho tiempo en el espacio

b) Lo que le ocurre a los astronautas cuando comen mucha comida chatarra en el espacio

c) Lo que les da cuando la torre de control les informa que no tienen combustible suficiente para regresar a la tierra

d) La confusión mental donde el *ser* manifiesta una personalidad doble, como hijo de Dios o hijo del hombre, que lo hace vivir en un universo desequilibrado y que le trae mucha confusión y sufrimiento

15. Shamata es:

a) Una técnica de meditación para matar el tiempo

b) Un golpe mortal con la espada *samurai*

c) Una forma de meditar con un ojo abierto y otro cerrado

d) Ninguna de las anteriores

16. ¿Cuáles son las interferencias que evitan que el hombre pueda reconocer la totalidad de su realidad?

a) La limitación de percibir el universo con sus cinco sentidos

b) Su herencia genética

c) Los hábitos y prejuicios aprendidos en nuestra crianza

d) Todos los anteriores

17. ¿Cuáles son los errores que pueden ocurrir en la recepción de la señal de la gran transmisora?

a) La interferencia en la interpretación individual (radio) de cada individuo por sus experiencias individuales (crianza, educación, raza etc.)

b) Escoger, con su libre albedrío, la estación incorrecta (¡rock metálico en vez de salsa!)

c) Las interferencias creadas al retransmitir el mensaje recibido a otros

d) Todas las anteriores

18. La tabla periódica es:

a) Una referencia numérica para calcular la duración del ciclo menstrual

b) ¡Lo que usa la industria para periódicamente calcular los despidos de empleados!

c) La forma en que Mendeleev clasificó a los elementos por grupos de familias con características químicas similares

d) Ninguna de las anteriores

19. Podemos afirmar que los hábitos y patrones de conducta aprendidos son:

a) Buenos cuando nos agradan y malos cuando no nos agradan

b) Relativos a nuestra forma de crianza, raza, nacionalidad, nivel social, creencias religiosas y herencia genética

c) La causa principal de nuestros conflictos sociales, políticos y personales

d) Todas las anteriores

20. El verdadero origen del sufrimiento es:

a) La desigualdad social y económica de la humanidad

b) El capitalismo extremo

c) La corrupción política de los gobiernos

d) El vacío (falta de solidaridad) que se origina en nuestro interior (esquizofrenia cósmica) cuando no recordamos nuestro verdadero origen y el verdadero poder del uso del libre albedrío con amor

21. El origen de la maldad es:

a) La ignorancia del ego al no reconocer su origen del amor (Dios)

b) El miedo a envejecer, enfermar y morir que surge de la ignorancia, frustración, envidia y coraje (ira) por no poder evitar estos acontecimientos

c) Las acciones egoístas que llevan al ser a satisfacer sus necesidades individuales primero, sin importarle las consecuencias en otros

d) Todas las anteriores

22. Podemos afirmar que el libre albedrío:

a) Es igual para todos

b) Ocurre solo en países democráticos

c) Se lo inventó Jorge Washington

d) Es el regalo de amor que nos capacita para cocrear con corresponsabilidad

23. El primer paso para pasar el examen final de la vida es entender estas capacidades:

a) La capacidad de entender su origen

b) La capacidad de entender cómo interactúan las cualidades

c) La capacidad de entender cómo estas influencian su visión de la vida (felicidad o sufrimiento)

d) Todas las anteriores

24. ¿Cuál de estas es la cualidad más efectiva en conseguir un acto de cocreación corresponsable amoroso?

a) Inteligencia

b) Persistencia

c) Oración

d) Paciencia

25. La fe es:

a) Un acto de codependencia amorosa en la fuerza creadora

b) Una oración con certeza en la fuerza creadora que reside fuera de nosotros

c) Una seguridad extrema en la capacidad del amor de regir el universo a su manera (como Frank Sinatra)

d) Un acto de cocreación corresponsable amorosa y paciente (sabe esperar por su turno en la lista de espera del universo)

26. ¿Qué nos enseña la parábola del hijo pródigo sobre las «cantaletas» que usamos con nuestros hijos?

a) Que nadie aprende por las experiencias de otros

b) Que, para el Padre, la herencia espiritual tiene más valor que la material

c) Que nosotros, al igual que el hijo pródigo, aprenderemos a reconocer nuestra verdadera herencia por las vicisitudes de la vida

d) Todas las anteriores

27. Sobre las religiones podemos afirmar:

a) Que todas tienen parte de la verdad

b) Que ninguna tiene toda la verdad

c) Que cometen el error de hacer a Dios a su imagen y semejanza

d) Todas las anteriores

28. ¿Qué podrá usar el hombre para escapar de la cárcel del nacer, envejecer y morir que hizo con sus cinco sentidos?

a) El taladro del amor y de la fe

b) El taladro del libre albedrío y la corresponsabilidad

c) El taladro de la meditación

d) Todas las anteriores

29. La meditación es:

a) Una acción pasiva que se hace en ciertas posturas muy incomodas

b) La repetición de unos sonidos en lenguas extrañas

c) Una acción de comunicación abierta en ambas direcciones, de expresarse y de escuchar

d) Ninguna de las anteriores

30. Para sentar al ego en la mesa de negociación (corazón) hay que:

a) Obligarlo

b) Engañarlo con promesas de beneficio y poder en su vida

c) Convencerlo con la razón y el ejemplo de experiencias y acciones

d) Todas las anteriores

31. El peor castigo que podemos infligir a un latino en su acto de comunicación es:

a) Llamarlo «hispánico» racialmente

b) Decirle que no tiene ritmo al bailar

c) Atarles los dos brazos y forzarlo a describir el último juego de fútbol (*soccer*) que vio

d) Ninguna de las anteriores

32. Sinónimos para los seres difíciles de nuestras vidas son:

a) Ciegos de espíritu

b) Mal amados

c) Cojos espirituales

d) Todas las anteriores

33. ¿Cuál es la relación que a todos los difíciles les gusta establecer con otras personas?

a) Totalitaria

b) De apoyo

c) De codependencia

d) De interdependencia

34. ¿Cuáles son las características más obvias de los difíciles?

a) Pobre autoestima

b) Esconden su debilidad con ataques preventivos abusivos

c) No saben amar o dejarse amar

d) Todas las anteriores

35. ¿Por qué los seres difíciles son importantes en nuestras vidas?

a) Porque somos sadomasoquistas

b) Porque se aprovechan de nuestra nobleza (El Chavo)

c) Porque nos permiten practicar con ellos las herramientas que nos provee el amor, para que ellos reconozcan su amor por sí mismos

d) Ninguna de las anteriores

36. Características de la comunicación abierta bidireccional son:

a) La atención visual y gestos corporales deben reflejar apertura y atención (miren con los ojos del espíritu)

b) No dejamos que nuestros prejuicios (hábitos individuales) interfieran en la comunicación

c) Recordamos que nadie tiene la razón absoluta todo el tiempo y nos permitimos equivocarnos para poder aprender de las visiones de otros

d) Todas las anteriores

37. La inteligencia compasiva es cuando:

a) Se nos parte el corazón y nos da rabia con las injusticias que el hombre le hace a otros

b) Le permitimos a otros maltratarnos sin tomar venganza, aunque estemos llenos de rabia por dentro

c) Aprendemos a mirar a todos los seres con los ojos del espíritu (corazón)

d) Ninguna de las anteriores

38. ¿Qué significa el retorno al jardín del edén?

a) Es un acto de reencuentro de nuestras dos naturalezas (reconciliación, conexión o comunión)

b) Es un acto de aprender a mirar nuevamente al universo sin juicios y preconcepciones (mirando con los ojos del espíritu)

c) Es un acto de perdonarnos y perdonar

d) Todas las anteriores

39. ¿Por qué el perdón es la manera más eficiente de demostrar amor en el universo?

a) Porque al perdonar las acciones de los que no saben lo que hacen, eliminamos la necesidad de sufrimiento que busca la ley del amor en sus vidas

b) Porque el perdón me rebota amplificado en su fuerza y sana todos mis errores de ignorancia en mi ser

c) Porque «lo que se hace a uno de los míos, me lo hacen a mi»

d) Todas las anteriores

BIBLIOGRAFÍA

LIBROS QUE ME AYUDARON A CREAR MI VISIÓN, DIRECTA O INDIRECTAMENTE

- La Biblia

- Khenchen Palden Sherab Rinpoche. Door To Inconceivable Wisdom and Compassion.

- Kenchen Palden Sherab Rinpoche Opening to Our Primordial Nature.

- Lao-Tzu. Tao Te Ching.

- Rabi Shimon bar Yojai. El Zohar.

- Los Tres Iniciados. El Kybalion.

- Paramahansa Yogananda. La Autobiografía de Un Yogi.

- Platón. Los Diálogos.

- Amit Goswami Ph.D. The Self-Aware Universe.

- Ken Wilder. A Brief History of everything.

- Chogyam Trungpa. Cutting Through Spiritual Materialism.

- M. Scott Peck. The Road Less Traveled.

- Hermann Hesse. Siddhartha.

- Shantideva. The Guide to the Bodhisattva Way Of Life.

- Sogyal Rinpoche. The Tibetan Book of Living and Dying.

- Jerry Jampolsky. Love Is Letting Go of Fear.

- Richard Bach. Ilusiones.

- Helen Schucman. Un Curso de Milagros.

- Deepak Chopra. Quantum Healing.

- Khalil Gibran. El Profeta.

- Franca Canónico. El Ser Uno (6 volúmenes).
  www.elseruno.com

PERFIL DEL AUTOR

IVÁN FIGUEROA OTERO M.D. FACS, FAAMA

Luego de graduarse de la Escuela de Medicina de la Universidad de PR, el Dr. Figueroa Otero se entrena como Cirujano General en el Hospital Universitario de la UPR, integrando un *fellowship* de un año en el estudio del cáncer, y otro en investigación experimental y clínica. Hace estudios postgraduados en Cirugía Pediátrica en los hospitales Miami Children's Hospital y en el Hospital Municipal de San Juan, y es certificado a nivel nacional.

Buscando opciones no quirúrgicas o menos invasivas para las condiciones pediátricas, explora las filosofías orientales que enfatizaban un concepto integral. Fue uno de los primeros médicos en certificarse en acupuntura médica en Puerto Rico, entrenándose en medicina tradicional china y acupuntura con profesores de la Universidad de

Sevilla. Eventualmente se certifica en acupuntura médica a nivel nacional.

En el 2009 se certifica en medicina de anti-envejecimiento y en diciembre de ese mismo año se retira de la práctica de la cirugía pediátrica, enfocándose solamente en una práctica integral de la medicina y enfatizando la prevención de la enfermedad y la modificación de estilos de vida. En el 2011 fue invitado a ser *Trustee* del *American Board of Medical Acupuncture*, que es el organismo nacional encargado de certificar médicos en el campo de la acupuntura por medio de exámenes nacionales. En ese mismo año es reconocido por la Revista *Natural Awakenings* como Médico Holístico del Año.

Actualmente se dedica a su práctica privada, y continúa en su rol de educador tratando de lograr la integración de cursos completos en acupuntura tradicional china al currículo de las escuelas de medicina, permitiéndole al médico certificarse tanto local como nacionalmente, y establecer protocolos de investigación clínica del uso de acupuntura en condiciones conocidas en comparación con la metodología establecida por la medicina moderna. Otra prioridad inmediata es la incorporación de las técnicas de meditación y su rol en la medicina preventiva y terapéutica.

El Dr. Figueroa Otero es el autor de la trilogía de la *Escuela de la Vida*, con los libros *Espiritualidad 101: Para los colgaos de la Escuela de la Vida*, *Espiritualidad 1.2: Para los desconectados de la Escuela de la Vida*, y *Espiritualidad 103: La clave del perdón*. Además, publicó un compendio de sus citas más importantes en *Espiritualidad 104: Reflexiones en mi espejo mágico*. Sus libros fueron galardonados con premios como *Benjamin Franklin Award*, *NIEA Award*, *Readers Favorite*, *Beverly Hills Award* y *USA Best Book Awards*. Además, han sido reseñados exitosamente por la revista *Focus on Women* y el *Kirkus Book Review*, entre otros.

Actualmente, el Dr. Figueroa Otero es comentarista en su programa de televisión semanal, *Agujas que tejen salud*, que se transmite por los canales locales de Puerto Rico #27 en Liberty, #26 en Claro, y #8.1 en Antena. También se transmite por internet en www.tivatv.com.

Para más información pueden acceder la página web del Dr. Figueroa Otero en www.ivanfigueroaoteromd.com.

www.ingramcontent.com/pod-product-compliance
Lightning Source LLC
Chambersburg PA
CBHW060011050426
42448CB00012B/2703